루터가 프란치스코에게

Hermann-Josef Frisch
LIEBER MARTIN LUTHER, LIEBER PAPST FRANZISKUS
Ein Briefwechsel

© 2016 Verlag Herder GmbH Freiburg im Breisgau
All rights reserved.

Translated by Lee Kyung-Ran
Korean translation copyright © 2017 by Benedict Press, Waegwan, Korea.

Korean translation rights arranged with Verlag Herder GmbH
Freiburg im Breisgau, Germany.

루터가 프란치스코에게
500년 전 개혁자 루터와 지금의 교황이 주고받은 가상의 편지 46통!

2017년 9월 27일 교회 인가
2017년 11월 16일 초판 1쇄
2019년 5월 10일 초판 2쇄

지은이	헤르만-요제프 프리슈
옮긴이	이경란
펴낸이	박현동
펴낸곳	성 베네딕도회 왜관수도원 ⓒ 분도출판사
찍은곳	분도인쇄소

등록	1962년 5월 7일 라15호
주소	04606 서울 중구 장충단로 188 분도빌딩 102호(분도출판사)
	39889 경북 칠곡군 왜관읍 관문로 61(분도인쇄소)
전화	02-2266-3605(분도출판사) · 054-970-2400(분도인쇄소)
팩스	02-2271-3605(분도출판사) · 054-971-0179(분도인쇄소)
홈페이지	www.bundobook.co.kr

ISBN 978-89-419-1715-1 03230

이 책의 한국어판 저작권은 Verlag Herder GmbH와 독점 계약한 분도출판사에 있습니다.
저작권법에 의해 한국 내에서 보호를 받는 저작물이므로 무단 전재와 무단 복제를 금합니다.

루터가
프란치스코에게

헤르만-요제프 프리슈 지음
이경란 옮김

분도출판사

일러두기
신약성경 인용문은 『200주년 신약성서』(분도출판사, 1998)를 따르되 드물게 문맥에 따라 다듬었습니다.

머리말

역사적으로는 불가능합니다. 그래도 그리스도교의 세 주요 교파 중에서 두 교파를 '대표하는' 인물들이 대화를 나눈다면 흥미로운 사건일 것입니다. 서로 다른 성격의 두 인물, 개혁자 루터와 교황 프란치스코는 가상의 편지에서 어떤 생각을 주고받게 될까요?

두 교파는 지난 오백 년 동안 분열을 겪고 있고, 그사이 16세기 초의 상황과는 더 이상 일치하지 않는 서로 다른 전통을 형성했습니다. 그렇다면 두 인물은 무엇을 대화의 주제로 삼게 될까요? 믿음에 대해, 교회에 대해, 교회의 직무에 대해 서로 무슨 말을 하게 될까요?

두 사람은 오백 년 전 마르틴 루터를 움직였던 가장 중요한 주제들을 편지의 주제로 택합니다. 이것은 2017 루터의 해를 고려한 것이고, 나아가 가톨릭과 개신교 사이의 대화와 이해에 작으나마 도움이 되기를 기대한 것입니다. 서로 편지를 주고받으며 루터와 프란치스코는 침착과 인내와 진심, 그리고 평화를 위한 노력을 보여 줍니다. 개혁의 시기에 갈등의 당사자들도 마찬가지로 침착한 태도로 인내하며, 서로가 서로를 진심으로 대하고, 평화를 위해 함께 노력했다면 과연 어땠을까요? 사람들은, 특히 유럽 사람들은, 또한 전 세계 그리스도인들은 많은 고통을 덜었을 것입니다.

오늘날 교회는 새로운 시작과 지속적 개혁을 향한 희망을 품고 있습니다. 이 책이 이러한 움직임에 자극이 되길 바랍니다.

헤르만-요제프 프리슈

| 차례 |

머리말   5

용기 내어 써 봅니다   9
개혁은 필요합니다   21
무엇에 관해 이야기할까요?   32
우리들의 근본   43
하느님의 의로움   54
그리스도 — 부활하신 분   66
응답인 신앙   78
성경은 우리를 강하게 합니다   90
복음은 해방입니다   101
그리스도인의 자유에 대해   112
자유의 공동체 — 교회   124
지배가 아닌 봉사   136
평신도와 봉사직   147
로마에 있는 교황은?   158
형제자매에 관해   170
길 위에 있는 백성   181
믿음 — 성찬 거행   192
사랑 — 자비의 힘   202
희망 — 공동의 목표   213
복음의 기쁨   225
유다인과 터키인에 대해   237
일치와 다양성에 대해   249
다양한 형제   260

용기 내어 써 봅니다

사랑하는 형제 프란치스코에게,

비텐베르크에 살고 있는 저 마르틴 루터는, 박사이자 신학 교수이며 아우구스티노회 수사였습니다. 이제는 개혁자로서

우리의 아버지이신 하느님과 주님이신 예수 그리스도의 은총과 평화 안에서

로마에 있는 형제, 곧 아시시 형제의 이름을 받아들인 교황 프란치스코가 저를 형제로 대해 주리라는 고귀한 희망을 품으며 이렇게 편지를 써 봅니다.

최악으로 간절된 로마 교황과의 관계에 대해, 많은 이들에게는 물론이고 저 한 사람과 비텐베르크의 제 친구들에게도 고통을 불러온 불행한 관계에 대해 잘 알고 있지만, 그럼에도 교황인 당신에게 용기 내어 이 편지를 씁니다. 처음에는 교황에 대해 삼가는 태도였지만, 날로 더 날카롭고 모욕적인 발언을 했으며, 또한

수도자로서 적절하기보다 더 냉혹하게 발언했음을 저는 고백합니다. 더군다나 비록 오래가지 않았지만, 대사(indulgentia) 문제에 대해서는 교회의 폐단을 교황과 함께 일치와 평화로 없앨 수 있을 것이라고 희망했습니다. 하지만 교황의 추종자인 요한 에크의 잔혹한 조처를 응답으로 받았을 때, 파문 경고장인 「주님, 일어나소서」Exsurge Domine를 전해 받았을 때, 대사에 대한 95개조 명제와 저의 다른 많은 글에 이단이란 딱지를 붙였을 때, 저는 교황과 그에 속한 모든 것과 격렬히 싸우기 시작했습니다. 교황주의자들이 자신들의 나쁜 가르침과 본보기로 그리스도교 세계를 정신적·육체적으로 파괴했기 때문입니다. 교황의 법령과 교령은 신자들의 양심을 무참히 속박했고 믿지 못할 폭정으로 학대했습니다. 그래서 1521년 보름스에서 열린 독일제국의회에 고발했습니다.

예, 맞습니다. 교황과 교황주의자들의 적임을, 양심 없이 무책임한 그 추종자들의 적임을 저 스스로 내보였다고 인정합니다. 그리고 세월이 흐름에 따라 점점 더 그랬습니다. 하지만 저는 제 시대의 교황들을 바라보며 그렇게 행동했습니다.

저는 정열적이지만 결코 영적이지 않은 교황 율리오 2세를 보며 그 행동을 했습니다. 그는 최고 사령관이요 권력자였을 뿐 좋은 목자는 아니었습니다. 그에게는 하느님의 복음보다 자신의 로마 교황령이 더 중요했습니다. 그는 거대한 건축물로, 새로운 성 베드로 대성전으로 권력을 드러내려 했습니다. 하느님의 은총에 대한 복음의 대변자가 아닌, 호전적 권력과 신자들에 대한 착취의 대변자인 그를 저는 1511년 로마 여행에서 알게 되었습니다. 그때는 저도 교황주의에 사로잡혀 있었고, 그리스도를 통한 하느님 자녀로서의 자유가 아직 싹트지 않았습니다.

특히 저의 시선은 낭비가 심한 교황 레오 10세를 향했습니다. 그는 이미 어린 시절부터 성직록을 거두어들였고, 신자들의 구원이 아니라 연회와 떠들썩한 축제를 마음에 두었습니다. 그는 대사, 교령과 고서, 관면과 특혜 답서의 대매로 사치스러운 삶을 유지했습니다. 그는 거룩한 그리스도교 세계의 착취자였으며, 제게는 개인적 원수였습니다. 그의 애송이 수사 요한 테첼은 도미니코회 회원이면서 자기 주인에게 개와 같았는데, 대사부大赦符를 은총이라 칭하면서 제가 살고 있는 비텐베르크에서 가까운 마그데부르크와 할버슈타트에서 팔았습니다. 주님의 해인 1517년에 쓴 95개조 명제는 그에 대한 것이지만, 결국은 교황의 매매 행위에 대한 것이었습니다.

또한 저는 레오 10세의 후임자인 하드리아노 6세, 클레멘스 7세와 바오로 3세를 주시했습니다. 그들은 군주였습니다. 하지만 하느님의 군주가 아닌 이 세상과 악마의 군주였습니다. 도덕적으로 타락했으며, 교회를 새롭게 하는 것이 아니라, 그저 하느님의 백성을 착취하여 자신들의 돈주머니를 새롭게 하는 것에만 주력했습니다. 그들은 예수님의 이름으로 세례를 받은 이들에게 복음(기쁜 소식)이 아니라 화음禍音(나쁜 소식)을, 구원이 아니라 파멸을 전했습니다.

당시 교황들에 대한 제 경험이 그랬습니다. 결국 저는 그들에게 편지와 진정서를 더 이상 쓰지 않았습니다. 그런 자들의 마음은 어떤 것으로도 얻을 수 없었기 때문입니다. 그들에게 열려 있는 것이라고는 오직 돈주머니뿐이었습니다. 저는 그래서 그들에 관해 글을 썼습니다. 그리고 모든 그리스도인들에게 교황들과 교황주의자들을 조심하라고 경고했습니다. 그리스도교의 최고 지도자가 그렇게 세속적이며 사치스럽게 행동하는 것을, 삼중관을 쓰는 것을, 그리고 자신의 주님, 그리스도, 십자가에 매달리신 분을 전혀 본받지 않는 것을 지켜보는 일은 혐오스럽고도 끔찍했습니다. 또한 다른 한편에서는 추기경들, 주교들, 사제들, 그리고 수도자들의 탐욕이 그리스도교 국가를 집어삼켰습니다. 그들은 재물을 받들 뿐, 하느님 예수 그리스도를 섬기지는 않았습니다.

그들에게는 편지를 쓰지 않았지만 사랑하는 형제 프란치스코여, 이제 당신에게는 편지를 쓰려 합니다. 비록 제가 당신 시대를 잘 알지는 못하더라도 당신이 몇몇 선임자들과는 다르다는 것을, 특히 제 시대에 지배했던 자들과는 다르다는 것을 알기 때문입니다. 당신 스스로가 로마 교황청의 15가지 질병을 한탄했고, 하느님의 은총과 예수 그리스도의 사랑을 통해 인간에게 주어지는 자비에 대해 줄곧 언급하고 있습니다. 당신의 언행은, 제가 차고 넘치게 경험했고 또 거듭 날카롭게 비판했던 교황의 사치와 허식 없이 소박하고 겸손합니다.

하여 제가 당신에게 용기 내어 편지를 부치려 합니다. 당신이 선임자들처럼 완고하고 잔인하게 응답하지 않으며, 당신이 제게 자비로운 목자이기를 희망합니다. 이는 비텐베르크에 살고 있는 보잘것없는 수도자가 아니라, 하느님의 모든 양 떼를 생각해서 희망하는 것입니다. 하느님의 양 떼는 불화와 분열로 갈라섰습니다. 이것은 하느님의 뜻에 부합하지 않으며, 그들은 다시 예수님의 영 안에서 일치를 이루어야 합니다. 그분은 말씀하셨습니다. "그들이 모두 하나가 되게 하소서. 아버지, 아버지께서 제 안에 계시고 저 또한 아버지 안에 있듯이 그들 또한 우리 안에 있게 하소서. 그리하여 아버지께서 저를 파견하신 것을 세상이 믿게 하소서"(요한 17,21).

당신의 답을 기다리겠습니다. 그리스도 안에서 사랑하는 형제여, 힘과 용기를 내십시오. 수백 년 묵은 증오를 극복하고 제게 당신의 자비를 보여 주십시오. 당신과 제가 수행하게 될 모든 것은 한 분이신 하느님, 우리 모두의 주님이신 예수 그리스도의 아버지에 대한 사랑과 믿음에서 행해지는 것입니다.

이렇게 당신에게 편지를 씁니다.

당신의 형제 마르틴이
비텐베르크에서

사랑하는 형제 마르틴에게,

저 또한 용기 내어 편지를 써 봅니다. 그리고 당신을 그리스도 안에서 제 형제라고 불러 봅니다. 수 세기를 거치며 양측 그리스도인들에게 겹겹이 쌓인 불화와 아픔에도 불구하고 저는 써 봅니다. 사랑하는 형제로서 당신에게 편지를 부칩니다.

저 프란치스코는 아시시의 큰 형제 이후, 작은 형제라 불리고 있으며 이전에는 호르헤 마리오 베르골료라 불렸습니다. 예수회라 부르는 수도회의 한 구성원이고, 이제는 로마에서 그리스도의 봉사자 중의 봉사자로 있습니다.

하느님의 자비가 당신과 그리스도를 고백하는 모든 이들에게, 또한 이 세상에서 평화와 일치를 갈망하는 모든 이들에게 함께하기 바랍니다.

더 큰 일치에 이르고자 하는 바람에서 우리가 편지를 주고받는다면 우리 자신에게도 평화와 일치가 있어야 합니다. 제가 당신에게, 비텐베르크의 형제에게 바라는 바는 오백 년 전부터 — 그리고 동방의 형제들을 감안하면 더 오래전부터 — 하느님 자녀들의 공동체를 괴롭혀 온 분열을 어찌하면 극복할 수 있을지 대화를 나누는 것입니다. 어찌하면 하느님의 백성이 다시금 한 백성이 될 수 있을까요? 함께 길을 걸으며 서로 힘을 북돋워 줄 수 있을까요? 어찌하면 예수님의 제자 공동체가 하나의 믿음, 우리 주님과 하느님에 대한 하나의 고백, 그리스도에 대한 하나의 신뢰를 얻을 수 있을까요? 어찌하면 우리 믿음이 성경과 연결될 수 있으며, 어찌하면 우리가 말씀과 빵을 함께 나누며 믿음의 축제를 벌일 수 있을까요? 사랑하는 형제 마르틴이여, 더 나은 이해를 향해 나아갑시다.

기쁘게도 당신은 요한 복음서의 거룩한 구절을 인용했습니다. 이 거룩한 구절은 제게도 똑같이 중요합니다. 당신이 인용한 이 구절을 저는 교황 권고 『복음의 기쁨』 *Evangelii gaudium* 에서 일치를 위한 대화와 관련지어 언급했습니다. 아버지와 예수님이 하나인 것처럼, 우리도 그렇게 하나입니다. 이것은 우리 두 사람과 모든 그리스도인을 위한 기준이자 사명입니다. 요한 복음서는 이 일치를 이루어 "세상이 믿는" 것을 목표로 합니다. 저도 똑같이 썼습니다. "그리스도교 메시지의 신빙성은, 그리스도인들이 갈등을 극복할 수 있을 때 더 커질 것입니다"(『복음의 기쁨』 244항). 우리는 하느님께로 가는 길 위에 있는 나그네입니다. 우리는 함께 길을 걸을 수 있도록, 그 길에서 매 순간 — 서로 다른 방식으로 — 복음에서 이해한 것을 가지고 서로를 격려할 수 있도록 힘써야 합니다.

차이는 물론 있습니다. 사람들이 서로 다르다는 점에서 이것은 놀라운 일도 아니며, 또 이미 오백 년 전부터 이어진 분열을 보아도 납득이 갑니다. 분열에 관해서는 나중에, 우리가 공동의 토대를 찾은 후에 논의할 수 있습니다. 그리고 이것은 — 제가 당신의 글을 제대로 이해한 것이라면 당신도 동의하리라 생각합니다 — 우리 주 예수 그리스도에 대한 공동의 믿음이며, 우리 모두 그분의 이름으로 세례를 받았습니다.

우리는 신앙인이며 세례를 받았습니다. 또한 우리 둘 다 같은 성경을 증거로 삼습니다. 그리스도와 성경이 우리를 하느님께 이끕니다. 그리스도는 길이고, 성경은 각기 다른 목소리의 협주곡이며, 이것이 우리를 결국 그리스도에게, 동시에 하느님께로 데려갑니다.

그러니까 한 제자가, 당신이 그토록 존경하는 바오로의 한 제자가 에페소 공동체와 소아시아에 있는 다른 공동체에 보낸 편지에서 표현한 것처럼 우리는 서로 같습니다. "주님도 한 분, 믿음도 하나, 세례도 하나입니다. 모든 이의 아버지 하느님도 한 분이시니, 그분은 모든 이 위에 모든 이를 통하여 모든 이 안에 계십니다"(에페 4,5-6). 더불어 우리는 — 이 편지 속 사도의 제자처럼 — "겸손과 온유를 다하며 인내를 가지고 사랑으로 서로 참아 주면서 평화의 끈으로 영의 일치를 힘써 지켜야 합니다"(에페 4,2-3). 이것은 우리 모두에게 주어진 명령이고, 또 이것은 우리의 희망인 평화를 통해서만 일어날 수 있습니다. 우리 둘이, 비텐베르크에 있는 사랑하는 형제 마르틴 당신과 로마에 있는 저 프란치스코가 우리에게 맡겨진 바를 다하며 이런 평화를 위해 노력합시다. 우리 공동의 형제인 바오로가 코린토 공동체에 보낸 편지에서 말한 것처럼 말입니다. "하느님께서는 여러분을 평화롭게 살라고 부르셨던 것입니다"(1코린 7,15).

제 선임자들인 당신 시대 교황들의 복음적이지 않은 행동과 실패와 과오를 상기시킨다면 슬프면서 부끄럽습니다. 그들 삶의 방식과 그들의 행위 탓에 당신만 아니라, 많은 이들에게 복음의 증거가 가려져서 저는 슬픕니다. 그들이 대화하고 경청할 준비가 안 된 것이 아니라, 자신들의 권력과 재물을 지키기 위하여 저주하고 배척한 것 때문에 저는 부끄럽습니다. 그래서 불화가 우리 세상에 일어났고, 그래서 불행한 분열이 생겼으며, 그로써 끝없는 고통이 사람들에게 닥쳤습니다. 현재까지도 이것은 진행 중입니다.

당신의 편지에서 몇 가지는 완전히 낯선 부분이 있는 것도 물론 사실입니다. 제게는 당신의 날카로움도, 당신의 단어 선택도, 투쟁적인 글로 상대를 저주한 것도 교황 측의 인정 없는 가혹함처럼 갈등과 분열에 기여한 것으로 보입니다. 하지만 갈등 상황에서는 그런 법입니다. 이해하지 않으려는 태도와 상처를 입히려는 발언, 상대를 향한 저주의 악순환이 생깁니다. 우리의 편지 교환에서 이런 식의 논쟁은 없어야 하며, 제가 할 수 있는 한에서는 없을 것입니다.

당신은 제게 당당히 자비를 요구했는데, 자비는 우리 그리스도인에게 생각과 말과 행동의 기본 노선이어야 합니다. 하느님은 자비하신 아버지이고, 우리 모두의 주님이신 예수 그리스도는 우리 가운데서 하느님의 자비를 우리에게 드러내려 했습니다. 자비는 제 교황직의 가장 중요한 척도입니다. 당신의 모국어인 독일어에서 '자비'(Erbarmen)라는 말의 배경에는 '가난하다'(arm)란 말이 있으며, 진정 우리 모두는 '하느님 앞에서 가난합니다'. 하지만 예수님이 산상 설교에서 말씀하신 것처럼 "하느님 앞에서 가난한 이들, 자비를 베푸는 이들에게는 하늘 나라가 그들의 것이고 그들은 하느님의 자비를 받을 것입니다"(마태 5,3.7 참조). 그런데 비텐베르크에서 성경 교사였던 당신도 알겠지만 히브리어 성경에서 자비(rahamim)는 어머니의 품, 자녀를 향한 어머니의 사랑, 관심과 관계가 있습니다. 우리의 무슬림 형제들이 무엇보다 하느님을 자비하신 분, 대자대비하신 분이라 부르는 것처럼 우리도 그렇게 그분을 경험합니다. 그분께서 우리에게 자비하신 까닭에 자비를, 불쌍히 여김을 우리 모두에게 명령하신 것입니다.

그러므로 저는 바오로가 인용한 것처럼 자비의 자세에서, 그리고 하느님에 대한 믿음에서 서로에게 관심을 기울이며 우리의 편지 교환이 지속되기를 당신 마르틴 형제에게 부탁합니다.

"우리 주 예수 그리스도의 아버지, 자비로우신 아버지 하느님께서는 찬양받으시옵소서"(2코린 1,3).

당신의 형제 프란치스코가
로마에서

개혁은 필요합니다

사랑하는 형제 프란치스코에게,

사랑하는 형제여, 당신이 편지를 끝맺으며 말한 그 생각을 저도 똑같이 드러낸 바 있습니다. 친분이 있는 신학자들과 함께한 탁상 담화에서 저는 이렇게 말했습니다. "진정한 지혜는 자기 자신과 하느님을 아는 것입니다. 하느님은 자비이시며, 자비는 거절하는 것이 아니라, 그리스도의 뜻에 따라 은총으로 구원하는 것입니다."

하느님은 자비하신 분이며, 그리스도 안에서 당신 자비를 사람들에게 보여 주신다는 것에 대해 우리는 금세 의견의 일치를 봅니다. 저는 기쁩니다. 이것이 진정 우리가 나누는 대화의 기반이고, 또 이것이 갈라져 살고 있는 그리스도인들 간에 소통의 기반이 되어야 합니다.

조심스레 쓴 제 편지에, 곧장 기분 좋게 답을 해 주시니 더없이 고맙습니다. 제 시대의 교황도 이토록 큰 자비를 보였다면 그리스도교 세계는 얼마나 많은 것을 아낄 수 있었을까요! 그러니 우리에게 중요한 문제들에 관해 의견을 나누어 봅시다. 우리가 언제나 같은 답을 얻지는 못할 것입니다. 하지만 우리의 기반이 일치한다면, 우리가 하느님에 대해, 예수 그리스도의 아버지에 대해 같은 믿음을 가지고 있다면 나쁠 것이 무엇이겠습니까?

우리가 각각의 주제를 정하기 전에, 제가 전적으로 대단히 중요하게 여기는 바를 먼저 알려 드리려 합니다. 교회 개혁을 위해 노력했기 때문에 사람들은 저를 ― 제 시대가 아니라 10년 후에야, 그리고 여전히 당신 시대에도 ― 개혁자라 불렀습니다. 사실 정확히 제 관심사는 교황들과 주교들과 사제들의 사치와 허식으로 바닥에 떨어진 교회를 개혁하는 것이었습니다. 서민들을 약탈하고 관직을 매매하는 것은 가난한 이들에게 관심을 기울여야 한다는 예수님의 복음을 날조하는 짓이었습니다. 게다가 제가 1520년에 「독일 그리스도인 귀족들에게 고함」이란 논문에 써 놓은 것처럼 제 시대의 교황들은 주교직 매매를 통해 주교들을 단순히 "숫자들과 바보들"로 만들었습니다. 그 결과 제 시대에는 주교의 영지가 "거칠고 무지한 바보와 악한"에게만 팔렸을 뿐, 신심 깊고 학식 있는 사람들은 아무것도 얻지 못했습니다.

폐단을 없애기 위해, 복음을 새롭게 빛나게 만들기 위해, 믿음이 없이는 구원도 없다는 인식과 신앙으로 돌아가기 위해 진정한 그리스도인들이 저마다 노력하는 곳에서 예수님 공동체, 곧 교회는 그 모습을 드러냅니다. 인간을 구원하는 것은 로마나 마인츠, 또는 다른 어느 곳에서 벌이는 교회의 모든 외적 활동이 아니라, 우리에게 당신 은총을 보여 주신 하느님에 대한 믿음밖에 없습니다. 귀족에게 고하는 글이 나온 것과 같은 해에 저는 선행에 대한 글을 썼습니다. "입으로 중얼거리는 것은 쉽습니다. 하지만 진실한 마음으로 말에 따라 행동하는 것은 믿음이며, 이것이 하느님이 보시기에 좋은 행동입니다."

그러므로 제가 생각하는 개혁은 원천에서 시작하는 새로운 규정, 현존하는 것의 개선을 의미하는 개편, 모든 그리스도인들을 연결하는 복음에 합당한 종교적·도덕적 쇄신입니다. 그리고 이것은 모든 인간의 구원을 위한 하느님의 활동을 의미하는 것이지 후대에 생겨나서 인간의 온갖 활동을 제시하는 교회의 법규 조항을 가리키는 것은 아닙니다. 저에게 개혁은 ― 제게 그런 표현이 그리 필요하지는 않았지만 ― 원천적 '형태' 그리스도를 통한 구원의 형태를 되살리는 일입니다. 그리고 이 원천을 가리는 것, 새로운 시대를 살지 못하게 하는 것을 죄다 뚫쳐 버리는 일입니다. 파괴하려 한 일이 아니니 교회 개혁은 폭동이 아닙니다. 개혁은 오히려 하느님의 집을, 하느님께 부름을 받아 영원한 구원이 확정된 백성들의 공동체를, 신자들의 공동체를 재건하는 일입니다. 제가 원한 바는 결코 분열을 일으키는 것이 아니었습니다. 저에게 중요했던 것은 하느님의 진리였고, 저는 이 진리를 알리기 위해 부름을 받았습니다. 황제나 교황, 영주나 주교, 지배자나 성직자, 그들이 누구든 인간의 권력이 아니라, 하느님의 권능과 영광을 회복하는 것이 중요했습니다. 저에게 관건은 예수 그리스도의 복음이었습니다. 신앙인은 성인과 대사大赦, 성지 순례와 성 유물, 미사 헌금과 영토, 교황 칙서와 고해 증서, 교황령(Status Pontificius)이나 그 밖의 많은 것에 구속되는 것이 아니라, 오직 예수 그리스도의 복음에만 구속될 수 있고, 또 그래야만 합니다.

    만약 저를 회고할 때 개혁자라 부른다면, 비록 제가 비텐베르크의 보잘것없는 설교자이지만, 저는 이를 칭찬이자 격려로, 동시에 요구로 받아들이겠습니다. 격려로 받아들인 까닭은 교회를 새롭게 하고 다시 본질로 이끄는 일, 교회의 원래 모습과 필수 과제를 다시 드러내는 일에 제가 온 힘을 다했기 때문입니다. 또한 요구인 까닭은 제가 이 과제를 끝마치지 않았고, 또 마칠 수 없었기 때문입니다. 오직 하느님만이 교회를 하느님의 공동체로 만들 수 있습니다. 인간은 누구도 결국 이 과제를 감당할 수 없습니다. 고위 성직자도, 사랑하는 프란치스코 형제여, 교황인 당신도 마찬가지입니다. 하느님 그분이 목적지인 이 길 위에서 우리는 단지 작은 걸음을 내딛을 뿐입니다. 그리고 이 모든 걸음은 그분의 선물입니다.

그래서 교회 개혁은 모든 시대의 과제이기도 합니다. 제 시대에는 이 일이 특히 절실했으며, 하느님 앞에서 사람들을 의롭게 하는 것이 무엇인지 알게 된 순간 저는 이 길을 피할 수 없었습니다. 교회 개혁은 다른 시대에도 지속적 과제입니다. 당신도 당신 시대의 다른 이들처럼 엄청난 과제를 눈앞에 두고 있습니다. 복음에서 하느님의 뜻은 무엇인지, 바오로의 편지에서 공동체의 형태와 내적 중심은 무엇인지, 첫 공동체의 삶에서 근본이 되는 것은 무엇인지 살펴보고, 다시금 교회를 거기로 이끌어야(개혁해야) 합니다. 한 공동체, 한 교회는 철저히 하느님의 뜻에 달려 있습니다. 여기서부터 교회는 자신의 두 가지 과제를 이해해야 합니다. 서로 떼려야 뗄 수 없는 이 두 과제는 하느님의 영광을 지키고 인간의 구원을 돕는 것입니다.

제 시대로부터 150년이 지난 뒤 신학자 요도쿠스 판 로덴스타인은 말했습니다. "교회는 항상 개혁되어야 한다"(Ecclesia semper reformanda). 그는 저의 활동과 다른 개혁자들의 활동이 결코 끝날 수 없다는 것을 밝혔습니다. "교회는 항상 개혁되어야 한다"는 것을 저는 이 편지에서, 사랑하는 형제 프란치스코여, 당신에게 하나의 길로 제시하려 합니다. 당신은 어떻게 생각하십니까, 이 말이 당신에게도 유효합니까?

그리스도 안에서 연결되어 있는 당신에게 묻습니다.

당신의 형제 마르틴이

비텐베르크에서

사랑하는 형제 마르틴에게,

　먼저 저는 당신이 지속 편지를 주고받기를 원해서 기쁩니다. 오늘날 나타난 믿음의 중요 문제들에 관해 형제로서 대화를 나누는 것은 제게도 매우 중요합니다. 우리는 ― 당신은 16세기 초에, 저는 오늘날에 ― 완전히 다른 상황에서 사람들을 위해 임명되었기 때문입니다. 하지만 시대가 달라도 우리는 예수 그리스도의 부름을 받았습니다. 이에 대한 믿음이 우리 공동의 토대입니다. 당신을 형제로서 사랑하며 만나겠습니다. 그리고 그리스도인들 간의 상처를 치유하고 극복하는 데 제 나름으로 힘쓰겠습니다.
　"교회는 항상 개혁되어야 한다"에 관해, 교회의 끊임없는 개혁에 관해, 각각의 시대와 문화에 적절한 방식으로 복음을 선포하기 위한 지속적인 노력에 관해 당신은 물었습니다. 터놓고 말하자면 당신이 교회의 본질을 지적한 것은 괜한 수고를 한 겁니다. 당신처럼, 제 수호성인 아시시의 프란치스코처럼 저는 그저 작은 형제이자 모든 이들의 종일 뿐이지만 아주 약한 힘이나마 교회 개혁을 위해 이미 노력하고 있습니다. 그리고 저는 위로부터 시작해서, 먼저 저부터 복음의 명령을 따르려 합니다.
　여기 로마와 다른 여러 곳에서 일어나는 온갖 반발에 맞서 ― 불행히도 그런 반발이 겁칠 정도로 많다고 알고 있습니다 ― 교회가 다른 얼굴을 갖도록 저는 노력합니다. 다른 얼굴이란 모범이신 예수님과 더욱 일치하는 얼굴이자 우리 모두가 갖고 있는 믿음의 원래 모습을 말합니다. 그리고 최초 공동체로서의 초기 교회를 생각한다면 이 얼굴은 시대와 문화를 넘어서는 의무를 뜻합니다. 셋째로 이 얼굴은 성경입니다. 성경은 자비하신 하느님의 위로와 당신 뜻에 따른 삶에 대한 하느님의 요구를 전달하는 원천적 문서입니다. 이에 관해서는 우리가 다른 편지에서 더 이야기할 수 있으리라 생각합니다.

여기서 저는 몇 문장만 소개하려 합니다. 제가 교황으로서 '복음의 기쁨'에 관해 처음으로 쓴 본격적인 저서에 나오는 것들입니다. 가혹한 일들을 겪은 당신이 로마로부터 고지되는 교황 칙서나 기록에 대해 극도로 회의적이라는 것은 알고 있습니다. 이러한 회의도 당연하다고 생각합니다. 하지만 제가 당신에게 보내는 글에 대해서는 신뢰해 주기를 바랍니다. 그래야 진실한 대화가 될 것입니다.

저는 교회 쇄신에 관해 이렇게 말했습니다. "저는 모든 것을 변화시킬 수 있는 '선교 선택'을 꿈꿉니다. 교회의 관습과 행동 양식, 시간과 일정, 언어와 모든 교회 구조가 자기 보전보다는 오늘날 세계의 복음화를 위한 적절한 경로가 될 수 있기를 바랍니다. 사목 쇄신을 요구하는 구조 개혁은 이러한 의미에서만 이해될 수 있습니다. 곧 사목 활동을 한층 개방적인 것으로 만들며, 사목 일꾼들에게 '출발'하려는 끊임없는 열망을 불러일으키는 것입니다."(『복음의 기쁨』 27항).

같은 글에서 또 이렇게 말했습니다. "제가 다른 이들에게 요구하는 것을 저도 실천하여야 하므로, 저 또한 교황직의 쇄신에 대하여 생각합니다. 교황직과 보편 교회의 중앙 조직들 또한 사목 개혁의 요청에 귀 기울여야 합니다. 사목은 '우리는 늘 이렇게 해 왔습니다'라고 말하는 안이한 태도를 버리라고 요구합니다. 저는 모든 사람이 저마다 과감하게 창의적일 것을 권유합니다"(『복음의 기쁨』 32-33항).

이 짧은 인용만 보아도 당신은 교회의 지속적 쇄신이 제게 중요하고, 쇄신을 복음 선포(하느님께는 영광을, 인간에게는 구원을!)의 재정비로 이해하고 있음을 알 것입니다. 당신의 수많은 저술과 설교, 탁상 담화와 논쟁을 보면 교회의 여러 외적인 것들이 당신에게 중요하지 않다고 강조합니다. 저 역시도 많은 것들을 의연하게 포기할 수 있다고 믿습니다. 더욱이 바로 여기 로마에서 말입니다. 하지만 사람들에게 그들 각자의 시대와 문화에 적절한 방식으로 복음을 전파해야 하는 우리의 본래 사명을 포기할 수는 없습니다.

당신과 제가 존경하는 사도 바오로가 로마 신자들에게 보낸 편지에서 우리는 시작할 수 있습니다. "정신을 다시 새롭게 하여 여러분의 모습을 바꾸시오. 그리하여 여러분은 무엇이 하느님의 뜻인지 분간할 수 있도록 하시오"(로마 12,2). 바오로는 이러한 태도를 늘 지켰습니다. 사도 회의(사도 15,1-35)를 상기하십시오. 그리고 이제 막 생겨난 교회가 이방계 그리스도인들에게도 의무를 지워야 하는가에 대해 논의한 것도 상기하십시오. 이 결정은 근본적 변화를 불러왔습니다. 그러니 쇄신 혹은 개혁이라 할 수 있습니다. 그리고 그렇게 해야만 세계 교회가 생겨나고, 그렇게 해야만 유다교에서 싹튼 교회가 살아남습니다. 끊임없이 변화하는 상황 속에서, 늘 새로운 사람들의 삶 속에서, 세상의 서로 다른 문화 속에서 살아남기 위해 "교회는 항상 개혁되어야 합니다".

당신은 ─ 제 가족의 뿌리는 이탈리아지만 ─ 제가 라틴아메리카에서 왔음을 알 것입니다. 교회에 대한 제 시각은 단지 유럽에 한정되어 있지 않습니다. 저는 커다란 전체를 보고 있고, 무엇보다 엄청난 다양성을 보고 있습니다. 우리 사회의 삶이 점점 더 빠르게 변화함을 보고 있고, 또 모든 사람과 모든 민족이 맞닥뜨린 국제적 문제를 보고 있습니다. 여기서 교회는 새로운 답을 제시해야 하지만, 이 답이 교회의 원천과 복음의 핵심을 바꿔서는 안 됩니다. 이 답은 교회를 쇄신하여, 이로써 교회 구조, 언어 방식, 표현 형태, 의식, 제의에 변화를 일으켜야 합니다. 오늘날 여러 문화와 사람들이 교회에 제기하는 요구에 지금까지보다 더 잘, 더 적절히 대응하기 위해 마음을 새롭게 하는 것입니다.

이에 대해서는 우리 둘 다 같은 생각일 것입니다. 자비하신 하느님, 인간을 살피시는 하느님에 대한 예수님의 원천적 복음을 지키고, 성경에서 탁월한 방식으로 드러나는 하느님 말씀의 의미를 놓치지 않으면서, 그럼에도 끊임없이 쇄신해야 합니다. 병과 물의 비유를 들겠습니다. 살아 있는 물은 병 속에 들어 있습니다. 하지만 병의 모양과 형태는 변화할 수 있고, 변화해야 합니다. "교회는 항상 개혁되어야 한다"라는 것입니다.

이것을 위해 저는 삶의 마지막까지 남은 힘을 다해 노력할 것입니다. 그리고 이것이 우리 나누는 대화의 토대가 될 것입니다. 여기서 내적 토대는 우리 둘이 하느님의 자비를 고백하는 것이고, 이에 따른 외적 토대는 자비하신 하느님에 대한 복음이 살아 숨 쉬는 교회의 쇄신에 우리 둘이 노력하는 것입니다.

다음 편지에서 우리는 어떤 것에 관해 이야기해야 할까요? 당신의 생각을 알려 주십시오. 무엇이 당신에게 중요한지 알려 주십시오. 망설이지 마십시오.

당신의 형제 프란치스코가
로마에서

무엇에 관해 이야기할까요?

사랑하는 형제 프란치스코에게,

병과 물의 비유는 인상 깊었습니다. 꼭 제 머릿속에서 나온 것만 같습니다. 정말로, 병 속에 있는 내용물이 중요하지 그 외형은 아닙니다. 두 가지를 혼동해서는 안 됩니다. 자비이신 하느님과 우리의 구원자가 되신 예수님에 관한 복음이 내용물이며, 이 내용물은 그리스도교에 담겨 나타납니다. 교회는 다른 것이 아니라 이 내용물을 보존하고 목마른 사람에게 전해 주는 병일 뿐이며, 이것이 교회가 해야 할 일입니다. 교회에는, 특히 로마에는 이상한 '병들'이 많이 있었으며, 앞으로도 계속 있을 것입니다. 물론 저는 이에 대한 발언을 단념할 수 없습니다. 하지만 당신도 그렇다는 말은 아닙니다. 교회 개혁을 위해 당신이 애쓰고 있다는 것을 제가 알고 있습니다. 만약 당신이 제 시대의 교황이었다면, 모든 이들의 안녕과 평화를 위해 우리는 쉽게 타협했을 것입니다.

우리에게 중요한 것은 내용물입니다. 이를 위해 저는 항상 노력했고, 우리의 대화도 믿음의 본질을 주제로 삼을 것입니다. 구체적으로는 어떤 주제가 제게 중요할까요?

1530년 아우크스부르크에서 열린 제국의회에 저는 참석할 수 없었습니다. 그때 저는 국외 추방 상태였고, 끔찍한 본보기로 후스의 화형을 목격하기도 했습니다. 필리프 멜란히톤이 저를 대신해 제국의회에서 복음을 기준으로 하는 우리 믿음의 개요를, 개신교 신앙고백의 개요를, 곧 「아우크스부르크 신앙고백」(Confessio Augustana)을 낭독했습니다. 그는 우리에게 중요했던 개혁을 향한 갈망을 거기 모인 영주들과 무엇보다 황제 카를 5세 앞에서 아주 명확하면서도 친절하고 정중하게 설명했습니다. 저는 그의 수고에 감사할 뿐입니다.

하지만 저 역시도 한가롭지만은 않았습니다. 제국의회 시기에 저는 베스테 코부르크에서 살고 있었습니다. 그곳은 오늘날의 바이에른주 오버프랑켄에 위치한 곳으로 이미 개혁이 이루어진 작센 선제후국 영토의 남쪽 끝에 있습니다. 만약 당신이 독일에 와서 그곳을 둘러본다면 인상 깊은 성 하나를 발견할 것입니다. 그곳 베스트 코부르크에서 저는 저 자신의 만족을 위해, 그리고 교회의 개혁을 위해 제국의회에 모인 이들을 상대로 『성직자들에 대한 경고』Vermahnung an die Geistlichen를 썼습니다. 앞서 언급한 것처럼 '몸으로는' 갈 수 없었던 제국의회에 저 개인이 영적으로 함께할 수 있는 방안으로 이 글을 생각해 낸 것입니다.

저는 이 글에서 진정한 그리스도교 교회에서 토론해야 하는 내용을 열거했습니다. 그리고 그 내용은 우리가 이어 갈 대화의 주제들이 될 수 있습니다. 몇 가지 예를 들겠습니다.

— 법이란 무엇인가
— 복음이란 무엇인가
— 죄란 무엇인가
— 자비란 무엇인가
— 성령의 선물이란 무엇인가
— 진정한 참회란 무엇인가
— 믿음이란 무엇인가
— 죄의 용서란 무엇인가
— 그리스도인의 자유란 무엇인가
— 자유의지란 무엇인가
— 사랑이란 무엇인가
— 희망이란 무엇인가
— 미사란 무엇인가
— 교회란 무엇인가

— 주교와 봉사자란 무엇인가

— 성직이란 무엇인가

— 십계명, 주님의 기도, 신앙고백으로서 진정한 교리서란 무엇인가

— 무엇을 성경에서 읽고 해석할 것인가

— 선한 행위란 무엇인가

제 시대의 주교들과 사제들은 이 주제들에 대해 설교하지 않았으며 학교에서도, 신앙 서적에서도 다뤄지지 않았습니다. 하지만 복음을 정확히 이해하여 전파하려 한다면 꼭 살펴봐야 할 부분들입니다. 사랑하는 형제 프란치스코여, 우리는 여기서부터 시작할 수 있습니다.

이 주제들이 제게는 중요한 것들이라, 제 글이나 설교에서 몇 번이고 강조했습니다. 물론 제가 중요하게 여기지 않는 것들도 있습니다. 본질에서 동떨어진 것이나 단순히 '병'의 형태나 색깔과 같은 것, 혹은 — 이것은 좋지 않은 것인데 — 하느님이 인간을 의롭게 만드시고 구원해 주신다는 복음을 완전히 반대로 날조하는 것입니다. 또 그것과 함께 저는 '경고'의 글에서 수많은 예시를 들었는데, 그런 혐오스러운 것들에 대해 여기서는 몇 가지간 언급하겠습니다.

대사, 봉헌 미사(성찬 전례), 파문, 연옥, 장난꾸러기 요정, 수많은 성지 순례, 축일 전야, 위령 미사, 끝없는 성인 축제, 축제, 단식과 응답송(antiphona), 독신, 제대, 대사를 위한 성화 봉헌, 종 축성, 연극적인 성체 행렬, 수도자의 복식과 삭발, 제의, 장백의, 성가대복, 향로와 성광聖光, 성수와 성염聖鹽이 있고, 이에 더해 여러 풍습, 가령 성지주일 당나귀, 요하네스 음료, 성 블라시오 축복, 그리고 성체 축일 행렬이 있습니다. 그리고 무엇보다 전례력이 그리스도보다 마리아와 성인들을 섬기는 행태가 있습니다.

제가 무엇을 말하려 하는지 당신은 잘 이해할 것이기 때문에 여기서 멈추겠습니다. 우리에게는 반드시 필요한 주제들, 대화를 꼭 나눠야 하는 주제들이 있습니다. 물론 어떤 사람에게는 버리지 못할 것들이 있을 것입니다. 하지만 애들 장난이나 어리석은 짓일 뿐인 주교 모자와 영적 허식은 개의치 말고 버립시다! 게다가 부차적인 부분들로 인한 그런 외적 요소들이 핵심으로 향하는 것을 방해하고 있습니다. 평화와 위로의 하느님께로 향하는 것, 이것이 핵심입니다. 하느님은 당신 영을 통해, 사랑하는 주 예수 그리스도를 통해 우리를 모든 진실로 이끄십니다. 다른 누구도 아닌 오직 그분에게만 그분의 선물에 대한 찬양과 영광이 영원히 있습니다.

제가 한 말에 당신이 전부 다 동의할 수는 없을 것입니다. 제가 제쳐 둔 것들이라도 그중에 어떤 것은 당신에게 중요할 수 있으며, 또 어떤 것은 당신이 좋아하게 된 풍습, 외적인 것을 통해 내적인 것으로, '병' 속에 든 내용물로, 복음 자체로 이끄는 그런 풍습일 수 있습니다. 그것이 무엇인지 지금 저는 그저 추측할 따름입니다. 당신의 생각을 알려 주십시오.

    부탁드립니다.

당신의 형제 마르틴이
비텐베르크에서

사랑하는 형제 마르틴에게,

정말 그렇습니다. 당신이 말한 외적인 것들 중에서 몇 가지는 제게 결코 하찮은 것이 아닙니다. 그리고 교회의 외적인 행동이 내적인 이해와 믿음으로 이끌기 위한 것이라고 언급하면서 당신은 이미 이해에 대한 단서를 제시했습니다. 저는 이것이 그리스도교 교파 간의 커다란 차이 중 하나라고 생각합니다. 당신은 무엇보다도 그리고 (대부분은 배타적으로) 당신이 이야기한 믿음의 핵심 부분을 개혁 교회들에서 언급했습니다. 당신에게 다른 모든 것은 서슴없이 포기할 수 있는 부수적인 것이며, 더욱 끔찍한 일은 중요하지 않은 부차적인 내용으로 믿음의 핵심 내용을 감추거나 날조하는 것입니다. 믿음의 내적 본질에 대한 당신의 우려를 저는 알고 있습니다. 우리 전통에서 외적 행동이 곧잘 그리스도교와 무관한 것으로 발전했으며, 어떤 것은 복음에 합당하지 않음을 전적으로 인정합니다. 그래서 교회 개혁은 우리에게, 또 당신들에게도 필요합니다.

왜냐하면 — 날조된 것들은 차치하고 — 믿음의 내적 본질을 발견하고 찬미하는 데 전적으로 도움이 되는 상징과 의식과 제의도 있기 때문입니다. 두 가지 예시로 명확히 설명해 보겠습니다.

많은 부분에서 저는 당신에게 동의합니다. 그러나 부차적인 것들을 나열할 때 당신은 '경고'의 글에 포함되어 있던 부활초에 대해서는 다시 언급하지 않았습니다. 만약 자비하신 하느님에 의해 예수님이 부활하신 밤에 대한 의미로, 그리고 모든 사람들이 이해할 수 있는 상징으로 부활의 의미를 우리가 명확하게 할 수 있다면, 모든 사람의 삶을 밝게 하고, 단지 예수님만을 위한 것이 아니라 믿음에서 그와 연결된 모두를 위한, 죽음을 넘어선 삶과 관련된 희망을 상징하는 빛이라면, 그로써 의미가 있지 않을까요? 물론 전례에서 쓰는 큰 부활초나 신자들이 가진 작은 부활초의 빛과 같은 표징이 인간 구원에 결정적인 것은 아닙니다만, 잘만 사용되면 표징과 상징, 의례 행위를 통해 사람들의 삶과 믿음을 연결 짓는 데 도움이 되기도 합니다. 이 점에서 부활초는 제게 부수적 형식이 아니고, 따라서 하찮은 형식도 아닙니다. 이것은 무언가 — 성경이나 신앙고백과는 다른 것으로 — 단순히 말을 믿는 것이 아니라, 사람을 육체와 정신의 총체로서 이해하고, 전체로서 생각하게 합니다. 그래서 적잖은 개신교 목사들이 이런 표징을 부활 예배에서 다시 사용한다는 소식을 들었을 때, 저는 기뻤습니다. 또한 이런 식으로 교파 간에 작으나마 공통분모가 생기는 것입니다.

당신이 언급한 성수도 이와 비슷합니다. "우리에 있는 가축에게 이 성수를 뿌리면, 더는 병들어 있지 않으리라"라고 외며 이

물에 주술적 힘이 있다고 말한다면, 물론 이는 단호히 거부해야 합니다. 이러한 주술적 이해는 유감스럽게도 여러 종교에 만연해 있으며, 우리 그리스도인들도 여기에 반발하지 않았습니다. 이에 대해서는 널리 알려야 합니다. 교회와 학교가 방향을 바로잡아야 합니다. 또한 어떠한 방식으로 벌어지는 것이든 주술적 행위에 우리 그리스도인의 희망과 신뢰를 두는 것이 아니라, 오직 하느님과 그리스도에게 두어야 한다고 알려 줘야 합니다.

가톨릭은 물론이고 정교회와 성공회에서도 성수를 주술적으로 쓰지 않으니 당신의 질책은 맞지 않습니다. 물은 빛처럼 죽음에 맞선 삶을 상징하고, 그래서 또 부활을 암시합니다. 하느님 자녀의 자유를 얻기 위해, 이스라엘 백성이 바닷물을 건너야 했던 것처럼, 신자들의 관점은 예수님과 하나가 되기 위해 예수님과 함께 죽고, 생명의 하느님에 의해 부활하기 위해 물로 세례를 받아야 한다는 것입니다. 부차적인 것이 아니라 핵심인 이런 내적 관계를 전례적으로 가시화하기 위해 공동체에서 세례수는 되도록 부활 성야에 축성해야 합니다. 그리고 교회나 신자 가정에서 성수는 세례수를 기억하는 것이고, 또 이로써 그리스도를, 하느님을 통한 부활에 대한 우리의 믿음을 기억하는 것입니다. 가톨릭과 정교회의 신자들에게는 이 물로 십자가에 매달리는 것, 즉 그리스도의 십자가를 자신이 메고 십자가에 매달린 후 부활하리라는 신앙을 표현합니다. 다시 말하자면 물은 외적 표징, 전적으로 포기할 수 있는 상징입니다. 구원에 꼭 필요한 것은 아닙니다. 그리고 당신들의 예배에서 성수와 십자가 표징을 권장하지 않는다고 해도, 그 또한 괜찮습니다. 하지만 이런 '형식'이 단지 외적인 것만 아니라, 내적 자세, 내적 믿음, 복음의 본질을 가리키고, 또한 모든 이들 앞에서 드러내는 것이라고 우리는 생각합니다. 그래서 우리의 입장은 형식도 가치가 있다는 것입니다.

이것이 두 가지 예인데, 당신의 구분에 의문을 제기하는 것처럼 보입니다. 하지만 그렇지 않습니다. 외적인 것과 내적인 것, 병과 내용을 구분할 수 있음을 저도 압니다. 외적인 것을 — 전체로 보았을 때 — 중요하지 않고 부차적인 것이라고 생각해 봅시다. 이때는 우리가 오히려 근본 문제에 관심을 기울여야 합니다. 모든 차이점을 넘어서는 근본적 공통점이 우리 사이에 있습니까? 전통이 달라서 서로 다르게 꾸며진 방들로 들어찬 하느님의 집을 지을 수 있는 공동의 토대가 있습니까? 다시 말해 우리 모두 위에 공동의 지붕이 있습니까?

비록 앞으로도 여러 사항에서 — 저마다의 방에서 — 서로 다른 형태를 취하고, 서로 다른 생각을 가지며, 서로 다르게 살아가더라도 공동의 지붕과 토대가 우리를 보호하고 지탱해야 합니다. 중요한 것은 서로 다른 전통을 가진 그리스도인들의 획일이 아니라, 예수님의 영을 통해 우리를 보살펴 주신 하느님에 대한 믿음의 내적 일치입니다. 중요한 것은 각기 다른 문화와 전통, 서로 다른 민족과 집단에 대한 획일이 아니라, 우리에 대한 하느님의 사랑에 기대어 사랑으로 세상을 아우르는 결속에서의 내적 일치, 그리고 미래에 대한 희망에서의 내적 일치입니다.

    사랑하는 형제 마르틴이여, 우리는 다음 편지에서 토대와 지붕을 바라보도록 합시다. 이에 대해 당신의 생각을 들을 수 있어 기쁩니다.

당신의 형제 프란치스코가
로마에서

우리들의 근본

사랑하는 형제 프란치스코에게,

조금은 망설이며 부활초와 성수에 관한 당신의 이야기에 동의합니다. 당신이 설명한 것처럼 그런 표징들은, 진정 본질로 이어질 수 있고, 실제로 도움이 될 것입니다. 물론 그런 표징, 의례, 상징, 제의가 필요한 이들에게만 그럴 것입니다. 하지만 그들과 달리 저는, 그리고 저와 함께하는 많은 이들은 그런 것들이 불필요합니다. 예수 그리스도의 복음이면 충분합니다. 다른 것은 필요 없습니다. 당신이 이미 말한 것처럼 우리들은 그리스도교라는 집에서 우리 자신의 방에 살고 있으며, 당연히 이 방을 우리 생각에 맞춰 꾸몄습니다. 그래서 검은 가운과 스톨을 걸치는 개신교 목사가 색색의 제의와 다른 여러 예복을 입는 가톨릭 동료와는 다르게 보일 것입니다. 그런데 어떻습니까? 그런 것들은 본질과 아무런 관계가 없습니다 우리의 믿음에서 토대가, 우리의 사랑에서 튼튼한 벽이, 그리고 우리의 희망에서 지붕이 되는 것은 무엇일까요? 여기서는 더 정확히 물어야 합니다. 우리는 '그것이 무엇이냐?'가 아니라, '그것을 누가 행하는가?' 하고 물음을 던져야 합니다. 그리고 이 물음은 신자들에게 답하기 쉽습니다. 우리는 하느님을 향한 믿음의 집을 우리 스스로 짓습니다. 그분은 우리 삶을 지탱하고 지지하는 토대입니다. 벽이 방을 둘러싸고 있는 것처럼 그분의 힘과 사랑이 우리를 감싸고 있습니다. 그리고 우리의 지붕도 하느님 그분입니다. 그분은 우리 삶을 좋을 때나 나쁠 때나, 기쁠 때나 괴로울 때나 우리 존재 자체로 보호하고 인도하십니다.

근본적인 믿음, 우리를 보호하고 강건하게 하는 믿음, 한 분이신 하느님에 대한 믿음, 성령으로 우리와 함께 걸으시는 주 예수 그리스도의 아버지에 대한 믿음을 더 가까이 들여다보겠습니다. 저는 이를 네 가지 논점으로 나누어 말할 텐데, 이 네 논점은 제가 복음에서 깨닫게 된 본질적인 것들입니다. 이것을 여기서는 일단 짧게 언급하고, 다른 편지에서 이 네 가지 주제를 계속해서 설명하겠습니다.

우리 믿음에 대한 네 가지 근본적 증언은 무엇입니까? 바로 아래와 같습니다. 이에 관해 저는 오랜 연구를 통해 확신하는 바입니다.

— sola gratia — 오직 은총,

— solus Christus — 오직 그리스도,

— sola scriptura — 오직 성경,

— sola fide — 오직 믿음.

이것들은 무엇일까요? 또 이 네 가지가 의미하는 바는 무엇일까요?

'오직 은총'(sola gratia)이란, 우리 인간은 자신의 힘, 자신의 노력, 자신의 행위로 구원되는 것이 아니라, 모두가 그리고 각자가 하느님의 은총에 의지하고 있다는 것입니다. 하느님은 온화한 관심과 박애, 자비를 우리의 공로가 없이도 주신다는 것을 우리는 확신합니다. 그분은 창조하시는 분이며, 또한 죽음 후에도 새로 창조하시는 분이고, 구원자이시며, 구세주이시기 때문입니다. 그분은 우리를 의롭게 하십니다. 이것은 제가 오랫동안 숙고하며, 로마 신자들에게 보낸 바오로의 편지를 연구한 끝에 얻은 결론입니다. 그분은 당신의 권능을 세상의 영주나 왕들처럼 쓰시는 것이 아니라, 언제나 의롭고 바르며 치유하고 온전하게 하는 구원자로서 쓰신다는 뜻입니다. 이것을 우리는 은총이라 말하며 또 우리는 이를 신뢰해도 좋습니다.

'오직 그리스도'(solus Christus)란, 우리가 성인이나 특히 마리아나 혹은 다른 사람에게, 각종 업적이나 부지런한 행위에, 순례

지나 성체 행렬이나 이와 유사한 많은 것들에 매여 있는 것이 아니라, 오직 예수님, 오직 하느님의 그리스도에게 매여 있음을 의미합니다. 오직 그리스도에게 우리는 고백합니다. 예수 그리스도는 당신 안에서 하느님의 모습을 우리 인간에게 드러내셨고, 하느님의 좋은 말씀을 우리에게 가져오셨으며, 몸소 십자가에 매달리셨고, 하느님에 의해 우리들 가운데 첫째로 부활하셨습니다. 이것이 우리 믿음이요 우리 희망입니다. 우리는 그리스도를 인간이자 우리 형제로서, 아버지와 성령과의 일체로서, 임마누엘, 곧 '우리와 함께 계시는 하느님'(이사 7,14; 8,8; 마태 1,23 참조)으로서 동시에 이해합니다.

'오직 성경'(sola scriptura)이란, 오직 성경만이 '여왕'이고, 진리를 거짓 없이 적용하며, 복음을 선포하고, 성경의 진술 전체에서 자체를 해석한다는 의미입니다. 그 어떤 전통이나 교황과 주교를 통한 교도권의 해석이 아니라, 오직 성경과 관련된 것만이 결정적이며 의무적입니다. 성경에는 하느님의 말씀이 온전한 힘을 가지고 명확히 담겨 있기 때문에 그것을 최고의 것으로 평가하지 않을 수 없습니다. 성경의 핵심은 예수 그리스도와 자비하신 하느님에 대한 복음입니다. 그러므로 그리스도인에게는 오직 성경만이 삶의 척도가 되고 또 동시에 인간 행위의 심판자가 됩니다. 성경은 '시금석'으로, 이에 따라 교회의 모든 가르침과 모든 행위와 모든 전통이 행해져야 합니다.

'오직 믿음'(sola fide)이란, 오류를 쉬이 범하는 인간, 미약한 인간이 오직 믿음을 통해서만 영원한 구원을 얻을 수 있다는 의미입니다. 훌륭하고 유익한 업적도, 성인들의 기도도, 교회의 직무와 예식을 통한 하느님 은총의 중재도, 봉헌 미사도, 그리고 수없이 행하는 성지 순례나 성체 행렬도, 대사나 교회의 여느 행위도 소용없습니다. 다른 어떤 것도 아닌 오직 믿음으로만 인간은 하느님의 구원을 얻습니다. 하느님의 은총과 자비가 있으면 인간의 믿음이 따르기 마련입니다. 그리고 또 이런 조건 없는 믿음이 있으면 저절로 훌륭한 업적이, 올바른 삶과 말과 행위가 따르게 됩니다.

하느님의 은총과 그리스도에 대한 고백, 성경에 대한 신뢰, 그리고 믿음만이 제 믿음의 집의 토대와 벽과 지붕을 이룹니다. 저는 오직 이로부터 교회를 바라보고, 오직 이 네 가지 핵심으로 저 자신의 온갖 약점들을 평가받기 원합니다. 저는 단지 하느님의 은총만 신뢰하고, 단지 그리스도에게만 고백하며, 단지 성경에만 의지하고, 단지 믿음만이 제게 가치 있고 거룩합니다.

로마서 주석 서문에서 저는 이렇게 썼습니다. "믿음은 우리 안에서 벌어지는 하느님의 일이고, 우리를 변화시키며, 우리를 하느님으로부터 새롭게 태어나게 합니다. 믿음은 하느님의 은총에 대한 살아 있는, 용기가 있는 확신입니다. 하느님의 은총에 대한 이런 확신과 인식은 하느님과 모든 피조물을 마주하여 자유와 기쁨을 줍니다. 이것은 믿음 안에서 성령이 하시는 일입니다."

    사랑하는 형제 프란치스코여, 당신은 제 믿음의 방을 위아래 사방에서 에워싸고 있는 토대와 벽과 지붕을 보았습니다. 이제 당신 차례입니다. 이 모든 것들에 대해 당신은 어떻게 생각하는지 솔직하고 명확하게 이야기해 주십시오. 당신의 토대와 벽과 지붕은 무엇입니까?

    이러한 물음과 함께 긴장된 마음으로 빠른 답변을 기다리겠습니다.

당신의 형제 마르틴이
비텐베르크에서

사랑하는 형제 마르틴에게,

당신이 설명한 믿음의 네 가지 핵심과 그리스도교 형제자매들의 믿음을 표현한 것에 대해 저와 가톨릭 형제자매들은 이의를 제기하지 않습니다. 오히려 그 모든 것에 전적으로 동의합니다. 하느님의 은총, 예수님에 대한 고백, 성경에 대한 존중, 그리고 인간 구원의 유일한 조건인 믿음은 우리에게도 중요합니다. 여기까지는 우리들이 일치합니다.

물론 몇 가지 제한적 해석을 붙여야겠습니다. 그러면 확실하고 명확하게 보이는 당신의 설명이 더 넓고 포괄적인 관점을 통해 보충될 것입니다. 당신과 논쟁을 벌이기 위해서가 아니라, 해석하고 보충하여 더 잘 이해하기 위해서 이 글을 씁니다. 그리고 이것은 당신과 저만 아니라, 어떠한 교파에 있든 상관없이 세상의 모든 그리스도인에 대한 저의 책임입니다. 그러므로 저의 진술은, 저의 몇몇 선임자들이 그리스도교에 해를 끼친 것과 같이, 강압적인 태도나 권위적인 의견 관철이 아닐 것입니다. 모두의 믿음과 진실, 사랑과 희망을 위한 작은 형제의 봉사일 것입니다. 그러니 아래의 논점들을 이러한 관점에서, 그리고 호의적인 시각에서 받아들여 주기를 바랍니다.

'오직 은총'(sola gratia)에 저는 전적으로 동의합니다. 정말로 중요한 것은 오직 하느님의 환대, 하느님의 활동, 하느님의 말씀, 그리고 하느님의 은총입니다. 이것이 첫째가는 것입니다. 더불어 중요한 것은 하느님이 그냥 되는대로 세상과 인류의 역사에 개입하시는 것이 아니라, 인간 안에서, 인간을 통해서, 그리고 인간과 함께 활동하신다는 것입니다. 그런데 당신이 하느님의 은총만 언급한다면, 그리고 이것을 인간의 활동과 무관하게 이해한다면 저는 말하겠습니다. 인간의 협력 없이는 안 됩니다. 하느님은 인간을 목적으로 삼고 활동하십니다. 인간이 그분을 거부할 때, 그분은 폭력을 행하시지 않습니다. 인간이 자신의 선행에 의존해서는 안 된다는 당신의 말에 물론 저는 동의합니다. 우리 가톨릭과 정교회에서 성인으로 부르는 그리스도교의 위대한 인물들이 끊임없이 강조하고 있는 것은, 그들이 어떠한 업적을 쌓더라도 죄인이자 오류를 쉬이 범하는 인간일 뿐이었고, 또 선행을 충분히 행할 수는 없었다는 사실입니다. 인간의 행위에는 늘 부족함이 있지만, 하느님의 은총은 결코 그렇지 않습니다. 저는 두 가지가 ─ 하느님의 영광과 인간의 구원을 위해 ─ 함께 작용해야 한다고 생각합니다.

'오직 그리스도'(solus Christus)에 저는 전적으로 동의합니다. 자신의 말과 행동으로 하느님의 자비를 드러낸 나자렛 사람 예수는 메시아요 그리스도로 알려졌습니다. 그분은 하느님께 가는 길이요, 세상의 빛이며, 생명의 빵입니다. 그분은 아버지께 가는 문이요, 하느님과 인간들 사이에 놓인 다리입니다. 하지만 오직 그리스도를 향한 당신의 믿음에는 조금 더 설명이 필요합니다. 우리 그리스도인은 '오직 하느님, 오직 그리스도, 오직 성령'(solus deus, solus Christus, solus spiritus)을 말해야 합니다. 한 분이요 유일하신 하느님은 우리 인간에게 세 가지 얼굴을 보여 주십니다. 단지 인간이신 예수님만 아니라, 창조자요 보존자이며 구원자로서, 그리고 만물에 스며들어 생명을 보존하는 성령으로서 말입니다.

'오직 성경'(sola scriptura)에 저는 전적으로 동의합니다. 하느님의 말씀은 성경에 기록되어 있습니다. 그렇지만 유념하길 바랍니다. 우리는 하느님의 말씀을 성경 기록에서 언제나 인간의 말로 새로 읽어 내기 마련이고, 더구나 인간의 말은 당대의 문화, 언어, 이해의 세계(Verstehenswelt)와 연관되어 있습니다. 지난 두 세기 동안 성경에 대한 학문적 접근은 ― 여기서 당신의 성경 연구와 평가는 분명 좋은 자극이 되었습니다 ― 하느님의 말씀이 인간의 말 속에 얼마나 깊이 파묻혀 있는지 발견해 냈습니다. 따라서 성경 본문에는 해석이 필요하고, 이것이 우리의 과제입니다. 성경 본문은 하늘에서 뚝 떨어진 것이 아니라 믿는 이들의 공동체 안에서, 다시 말해 믿는 이들 가운데서 생성된 것임을 명심해야 합니다. 성경은 신앙 전통의 시작부터가 아니라, 전통이 천천히 형성되는 가운데 생겨났습니다. 사람들의 경험이 그래서 기록되어 있는 것입니다. 성경을 새로운 맥락에서 새롭게 해석하는 것은, 결국 모든 시대와 문화의 지속적 과제입니다. 우리는 성경을 사람들의 경험과 문화, 믿는 이들의 공동체와 분리하여 해석해서는 안 됩니다. 또 우리는 성경의 개별 문장을 전체 맥락과 분리해서도 안 됩니다. 근본주의 집단들은 이런 일을 저지르며 많은 해악을 끼치고 있습니다. 그렇습니다. 성경은 문자 그대로가 아니라, 당신 나라의 한 신학자가 표현한 것처럼, 진정으로 받아들여야 하는 것이라고 저는 생각합니다. 이것이 늘 우리의 과제입니다.

'오직 믿음'(sola fide)에 관해서도 전적으로 동의합니다. 여기서 중요한 것은 인간이 하느님을 대하는 자세, '하느님에 대한 자기 헌신'입니다. 또 중요한 것은 — 비록 제가 이 말을 하느님과 연관 지어 생각하지는 않지만 — 믿음의 순종입니다. 순종은 삶의 방향을 나타내며 하느님의 뜻에 맞춰 길을 나아가는 것을 가리킵니다. 여기서도 저는 더 보충하고 부연하려 합니다. 단지 믿음만 인간 구원에 결정적인 것이 아니라, 사랑과 희망도 마찬가지로 결정적입니다. 그래서 우리는 세 가지 덕을, '오직 믿음, 오직 사랑, 오직 희망'(sola fide, sola caritas, sola spes)을 말해야 합니다. 이 세 가지 덕은 하느님의 세 가지 얼굴, 곧 아버지, 아들, 성령에 부합합니다. 세 가지 덕에 대해서는 다음에 더 이야기하겠습니다.

사랑하는 형제 마르틴이여, 여기까지 당신의 네 가지 개신교적 '오직'(sola)에 대해 가톨릭적으로 보충하고 부연해 보았습니다. 비록 이에 대해 당신이 비판적이기는 하겠지만, 그래도 호의적으로 존중해 줄 것이라고 저는 확신합니다. 게다가 — 이는 우리 둘 다에게 적용되는데 — 인간의 언어와 개념은 당신과 제가 모두 존경하는 사도 바오로가 일찍이 편지에 남긴 것처럼 항상 단편적입니다.

"지금은 우리가 거울을 통해서 어렴풋이 보고 있지만 그때가 되면 얼굴과 얼굴을 마주 대할 것입니다. 지금은 내가 인식한다 해도 단편적이지만 그때가 되면, 내가 이미 하느님에게 온전히 알려진 것처럼, 나도 온전히 인식하게 될 것입니다. 이제는 믿음, 희망, 사랑, 이 세 가지가 남아 있습니다. 그러나 그중에 가장 위대한 것은 사랑입니다"(1코린 13,12-13).

당신에게 사랑으로 인사합니다.

당신의 형제 프란치스코가
로마에서

하느님의 의로움

사랑하는 형제 프란치스코에게,

하지만 믿음이, 그래도 믿음이 먼저입니다! 믿음으로부터 사랑과 희망이 나옵니다. 믿음이 없이는 그리스도인의 삶도 없고, 그리스도인의 사랑도 없으며, 그리스도인의 희망도 없습니다. 사랑은 사람들이 함께 살아가는 데 가장 숭고한 것입니다. 하지만 이 사랑의 바탕에는 사람들의 활동도, 사람들의 노력도, 그 누구의 중재도, 다른 어떤 것도 아닌 믿음이 있습니다. 저는 저의 '오직 믿음'을 지키겠습니다. 하지만 당신이 이의를 제기한 까닭에, 사랑하는 형제 프란치스코여, 믿음으로부터 믿음과 사랑과 희망이라는 세 가지 덕이 생긴다는 것을 부언합니다. 이에 대해서는 후에 다시 설명하겠습니다.

이 편지에서는 하느님의 은총이 제게 왜 이토록 중요하게 되었는지, 그리고 은총에 대해 무엇을 이해하고 있는지 이야기하려 합니다. 이로부터 제가 그리스도인으로서 제 삶에 각인된 결정적 체험을 했고, 또한 나중에는 — 오랜 숙고 끝에 — 교황들에게 충격을 안겨 준 게 메시지를 얻었기 때문입니다. 지금 말하려는 바를 제 입장이 되어 이해할 수 있다면 우리의 소통에 더 큰 진전이 있을 것입니다.

저는 농부요 광부의 아들입니다. 그럼에도 학사, 석사, 수도자 그리고 박사가 되었습니다. 저는 경건하고 신실한 신자였습니다. 1501년부터 에르푸르트에서 — 이때 저는 18세였습니다 — 여느 학생처럼 일곱 가지 자유 학예, 곧 군법, 수사학, 변증법, 대수학, 기하학, 음악, 천군학을 공부했습니다. 그리고 아리스토텔레스의 철학도 배웠습니다. 그 당시 제계 철학은 지고의 지혜로 보였습니다. 후에 저는 법학까지 공부했고, 원한다면 법률가나 교사, 법원 공무원이 될 수도 있었습니다.

그러나 1505년 7월 2일 고향에서 에르푸르트로 돌아가는 길에 슈토테른하임의 들판에서 저는 엄청난 폭우를 만났고 죽음에 직면했습니다. 사지를 벌벌 떨며 에르푸르트에 겨우 다다랐을 때, 곧장 저는 어떤 공부나 사색도 삶에서 결정적인 것이 아닐 수 있음을 깨달았습니다. 저는 수도자가 되기로 결심했습니다. 그리고 14일 후, 에르푸르트에 있는 아우구스티노회 에레미텐 수도원에 들어갔습니다. 저는 참회와 공부로 하느님께 온전히 헌신하길 원했습니다. 2년 후에는 부제와 사제로 서품되었지만, 그럼에도 의문이 남아 있었습니다. "무엇이 인간을 파멸에서 구원하는가? 은혜로운 하느님을 인간, 곧 나는 어떻게 영접할 수 있는가? 만약 하느님이 의롭게 심판하는 분이라면 죄인이요 실패자인 나를 벌하실 수밖에 없지 않을까?" 하느님의 의로운 벌을 받아 파멸하고 은총을 잃어버릴까 봐 제 양심은 극도로 불안했습니다. 어떤 참회와 미사와 기도도, 어떤 금식과 절제도 제 안에 깊이 자리하고 있는 무서움과 두려움에는 아무 도움이 되지 않았습니다.

마지막으로 큰 전환점이 오기 전까지는 그랬습니다. 제게 무슨 일이 일어났는지는 탁상 담화에서 거듭 이야기한 바 있습니다. 다름이 아니라 '의롭다', '하느님의 의로움'이란 말이 양심에 벼락처럼 떠올랐습니다. 그 말을 들었을 때 저는 깜짝 놀랐습니다. '만약 하느님이 의로우신 분이라면 행여 그분이 벌하시겠는가!' 그런데 이는 하느님의 은총으로 제게 일어난 일입니다. 한번은 제가 성탑에서 로마 신자들에게 보낸 바오로 편지를 두고 생각에 잠겼습니다. "신앙으로 말미암은 의인은 살 것이다"(로마 1,17). "예수 그리스도께 대한 신앙을 통하여 나타나는 하느님의 의로움은 모든 믿는 이들을 위한 것입니다"(로마 3,22). "실상 우리는 사람이 율법의 행업과는 상관없이 신앙으로 의롭게 된다고 판단합니다"(로마 3,28). 그때 곧장 그 의미가 떠올랐습니다. 만약 우리가 믿음으로 의롭게 살 수 있다면, 만약 하느님의 의로움만이 믿는 모든 이를 구원으로 이끈다면, 그렇다면 우리가 '형벌'로 얻는 것이 의로움이 아니라, 오직 하느님의 자비가 의로움일 것입니다.

순간 새로운 세계, 해방의 세계, 새로운 용기의 세계, 희망의 세계가 제게 열렸습니다. 하느님은 세속 지배자와 다릅니다. 만약 정의와 인간의 의로움에 따라 지배를 하는 좋은 세속 지배자라면 착한 사람에게는 상을 주고 나쁜 사람에게는 벌을 주겠지만, 만약 나쁜 세속 지배자라면 자신의 의지를 곧 법으로 여겨 잔인하게 관철할 것입니다. 하지만 하느님의 의로움은 그들의 의로움과 다릅니다. 제가 바오로를 정확히 이해했다면 — 저는 그렇다고 확신합니다 — 벌이 아니라 은총에 관한 것이고, 인간의 죽음이 아니라 삶에 관한 것이며, 불완전한 법에 대한 복종이 아니라 오직 하느님의 자비에 관한 것입니다. 하느님의 의로움은 다른 것이 아니라, 그분의 은총과 자비입니다.

로마 신자들에게 보낸 편지의 내용들을 더없이 사랑하게 된 것은 당연하고, 그때부터 저는 저의 행동을 이해하게 되었습니다. 하느님의 의로움에 대한 이런 견해에는 인과가 있습니다. 행위는 그것이 아무리 선하고, 아무리 이웃에게 도움이 되더라도, 결국 인간을 구원하지 못하기 때문에 그리스도인을 위한 것이 아닙니다. 중요한 것은 오직 하느님의 은총입니다. 그분의 은총은, 그동안 어떤 죄를 지으며 살아왔든 인간을 그분 앞에서 의롭게 합니다. 관건은 법에 규정된, 또한 모세의 법에 규정된 인간의 행위가 아닙니다. 관건은 오직 복음, 곧 하느님의 아들 예수 그리스도에 대한 믿음을 지키는 인간은 의롭게 된다는 기쁜 소식입니다. 하느님은 믿음을 가진 이들에게 엄한 심판자로 나타나지 않습니다. 의로움에 대한 인간의 이해에 따르면 그분은 그런 분이어야 합니다. 오히려 하느님은 자비하신 아버지로 나타납니다. 그리고 이렇게 제 마음에 다시 평화가 찾아왔습니다. 하느님의 의로움은 우리를 복되게 합니다.

아무것도 저를 더 이상 겁먹게 할 수 없었습니다. 교황들의 칙서도, 교황주의자들의 박해도, 세속 지배자들과 대주교들의 위선도 마찬가지입니다. 아니, 이런 말들은 제게 위로가 되었고, 또 제 영혼을 일으켜 세웠습니다. 그분은 제게 엄한 심판자로 오신 것이 아니라 자비와 은총을 가지고 오셨기 때문에, 저는 하느님을 새롭게 신뢰할 수 있었습니다. 다름 아닌 바로 이것이 그분의 의로움이기 때문입니다.

지금까지 저에 대해, 저의 결정적 경험에 대해, 법의 강요와 압박에서 복음의 자유로 저를 이끌어 준 제 믿음의 길에 대해 이야기해 보았습니다. 사랑하는 형제 프란치스코여, 당신도 원한다면 당신에 대해, 당신을 움직이는 것에 대해, 당신 믿음의 근본을 이루는 것에 대해, 당신의 결정적 경험에 대해 들려주십시오.

진심으로 원합니다.

당신의 형제 마르틴이
비텐베르크에서

사랑하는 형제 마르틴에게,

당신에게 결정적 경험이 무엇이었는지 허심탄회하게 이야기해 줘서 진심으로 고맙습니다. 우리 그리스도인들이 믿음의 길에 관해 서로 나눌 수 있다면, 그러면서 우리가 믿음 안에서 강해지고 조금 더 나아갈 수 있다면, 우리가 서로 위로하고 도울 수 있다면 그것은 언제나 좋은 일입니다. 물론 우리의 길은 지금 다르고, 앞으로도 그럴 것입니다. 하지만 우리는 어느 길에 있든, 길이 서로 뒤엉켜 있다고 하더라도, 그 길에서 하느님의 자비를 깨달을 수 있고, 당신이 아주 명확히 표현한 것처럼 우리는 하느님의 은총과 자비를 알 수 있습니다.

제 삶의 결정적 경험을 말해 보겠습니다. 하지만 당신과는 다른 식으로 경험했습니다. 제 삶은 전혀 다른 시대에 펼쳐지고 있습니다. 다른 대륙에서 시작하여, 아주 다른 조건하에 있습니다. 하지만 '당신처럼' 저는 소박한 환경에서 자랐으며, 제 아버지는 아르헨티나의 철도 노동자였습니다. 그리고 '당신처럼' 신학보다 다른 학문을 먼저 배워서 화학 기술자가 되었습니다. 놀랍게도 저는 '당신처럼' 스물두 살에 수도회에 들어갔습니다. 하지만 여기서 길이 갈리는데, 저는 아우구스티노회가 아니라 예수회에 들어갔습니다. 당신 시대에는 아직 없던 수도회로, 1534년에 세워

졌습니다. 예수회는 다른 많은 조건과 더불어 당신이 일으킨 개혁에 자극을 받았으며, 예수 그리스도와의 적극적 관계를 통한 교회의 쇄신이 설립 목적이었습니다. 수도회 이름도 그래서 '예수회'인 것입니다.

제가 수도회에 들어간 것은 갑작스레 저를 사로잡은 경험이 아니라, 제 삶을 하느님과 복음 선포에 헌신하고 싶은 소망이 서서히 제 안에서 자라났기 때문입니다. 당신처럼 저 역시 — 물론 수도회에서 — 당신 시대의 일곱 가지 자유 학예에 어느 정도 상응하는 학문인 인문학을 배웠습니다. 그다음에 신학에 입문하여, 오랜 공부 끝에 1969년 사제 서품을 받았습니다.

여러모로 우리 인생행로는 비슷합니다. 하지만 저의 이후 행보는 당신과 다르다고 말할 수밖에 없습니다. 대학교에 다니는 동안, 신학 교수 루시오 헤라가 언제나 '가난한 이들의 신학'이어야 하는 '민중의 신학'에 눈뜨게 해 주었습니다. 이 시기 라틴아메리카 전역에서는 '해방'이란 주제가 단순히 신학적 표어가 아니라, 일반적인 사목 방침이었습니다. 교회는 이집트에서 억압받던 이스라엘 백성이 해방되는 성경 사건에 주목했습니다. 우리 시대의 하느님 백성은 교육과 보건 체제의 미비, 가난과 절망과 무력으로 억압받고 있습니다. 교회는 백성을 이런 억압에서 끌어내야 합니다.

자기 삶에 대한 결정과 책임, 정의와 사랑, 가난한 이들과의 연대를 향한 하느님 백성의 해방은 하느님이 계셔서 가능한 일입니다. 성경에서 하느님은, 신약은 물론이고 구약에서도, 당신 백성의 비탄을 들어 주는 분이시기 때문입니다. 그분은 백성의 해방에 개입하여 그들을 곤경에서 구해 내십니다.

당신 백성을 해방하는 하느님의 자비는 성경의 핵심 메시지이며 복음, 곧 기쁜 소식입니다. 그리고 이것은 이스라엘 백성의 이집트 탈출 이야기에서만, 유다인과 그리스도인의 믿음에 대한 결정적 이야기에서만 보이는 것이 아니라, 바빌론 유배로부터의 귀환 이야기에서도 나타납니다. 예를 들면 구약성경의 룻처럼 성경의 인물들은 하느님의 자비를 종살이와 굶주림으로 체험합니다. 신약성경 중에서 특히 루카 복음서가 첫째 성경의 이런 기조에 따라 이야기를 전합니다. 루카는, 예수님의 활동과 가르침에서 가난하고 미천한 이들의 하느님이 당신을 드러내시는 모습을 전해 줍니다. 예수님의 구원은 이스라엘 역사에서 하느님이 개입하신 구원과 부합합니다.

하느님은 가난한 이들과 권리를 빼앗긴 이들의 하느님이시며, 예수님을 통해 상황을 전환하려 하는 분이십니다. 이로써 교회의 임무도 — 또한 예수회원으로서의, 훗날 주교로서의, 이제 교황으로서의 제 임무도 — 드러납니다. 이에 대해 저는 『복음의 기쁨』에서 이렇게 밝혔습니다. "이제 출발합시다. 가서, 모든 사람에게 예수 그리스도의 생명을 전합시다. 자기 안위만을 신경 쓰고 폐쇄적이며 건강하지 못한 교회보다는 거리로 나와 다치고 상처받고 더럽혀진 교회를 저는 더 좋아합니다"(『복음의 기쁨』 49항).

구체적으로는 이렇게 말할 수 있습니다. "우리는 연대성을 증진해야 합니다. 모든 장소와 상황에서 그리스도인들은 목자들의 도움으로 가난한 이들의 울부짖음에 귀를 기울이도록 부름 받고 있습니다"(『복음의 기쁨』 190-191항). 결국 이는 이러한 의미입니다. "하느님께서 친히 '가난하게 되실'(2코린 8,9) 정도로 하느님의 마음속에는 가난한 이들을 위한 특별한 자리가 있습니다"(『복음의 기쁨』 197항). 여기서 저는 예수님의 길을 따르라고 권유한 우리의 존경하는 바오로를 떠올립니다. "여러분은 우리 주 예수 그리스도의 은총을 알고 있습니다. 그분은 부요하셨지만 여러분을 위하여 가난하게 되셨습니다. 당신의 가난으로 여러분이 부요하게 되도록 하려는 것이었습니다"(2코린 8,9). 가난한 이들에 대한 이 말에 저는 깊은 인상을 받았습니다.

가난한 이들과 소외된 이들, 내쫓긴 이들과 망명한 이들, 착취당한 이들과 권리를 빼앗긴 이들, 이런 모든 이들에게 저는 특히 관심이 갑니다. 예수 그리스도의 교회는 항상 경계가 없어야 하기 때문입니다. 제 수호성인 아시시의 프란치스코를 보며 이러한 관심이 올바른 것임을 확인합니다. 그는 가난한 이들을 돌보았고 그래서 그들과 같게 되었습니다. 그는 가난한 이들 중에서 가난한 이였습니다. 저는 그를 기억했습니다. "우리는 모두, 아시시의 프란치스코 성인처럼 하느님의 사랑 안에서 작지만 강한 그리스도인으로서, 우리가 사는 이 나약한 세상과 사람들을 보살피도록 부름 받고 있습니다"(『복음의 기쁨』 216항).

이것이 제 믿음이며, 제가 걸은 길입니다. 그리고 이것이 로마와 세상을 위한 주교로서의 제 계획입니다. 저는 무엇보다도 기쁜 전령이기를 원합니다. 작고 가난한 이들에게 위로와 신뢰, 희망과 해방을 전하는 전령이 되고자 합니다. 그리고 저희 수도 공동체가 지향하는 예수님의 모범과 기준을 모든 점에서 따르고자 합니다. 물론 여러 민족과 문화의 역사를 보면, 여러 위대한 종교를 보면 인상적인 인물들이 많이 있습니다. 하지만 제게는 그리스도가 믿음의 근본이며, 앞으로도 그럴 것입니다. 그리스도는 저를 하느님의 자비와 연결 짓습니다. 당신도 깨닫고 있듯이 하느님의 의로움과 은총과 연결합니다. 바오로의 한 제자가 말한 바처럼 교황인 제가 아니라, 오직 그분만이 교회의 머리이십니다. "그분은 몸의 머리, 교회의 머리시로다. 그분은 으뜸이시며 죽은 자들 가운데서 맏이시로다. 이는 만물 가운데 첫째가 되시기 위함이다"(콜로 1,18).

그러니 이제는 그리스도에 관해 이야기합시다. 이에 대해 제게 더 많이 써 주십시오.

부탁드립니다.

당신의 형제 프란치스코가
로마에서

그리스도 — 부활하신 분

사랑하는 형제 프란치스코에게,

당신의 청을 기꺼이 받아들입니다. 그리스도에 관해 이야기하는 것은 참으로 그분의 이름으로 불리고, 또 그분의 이름으로 세례를 받는 그리스도인들에게 일상의 과제여야 합니다. 그러니 마음껏 우리의 편지에서 이야기를 나누기만 하면 됩니다.

당신은 그리스도를 당신 삶의 (그리고 당신 공동체의) 모범이자 기준으로 이해하고, 또 이것을 당신 믿음의 근본으로 이해했습니다. 우리가 그리스도인으로서 예수님을 모범으로 이해하는 것은 옳습니다. 기도하고, 금식하며, 다른 이들을 돕고, 사랑을 실천하는 모습을 예수님에게서 볼 수 있는 것처럼 우리도 이를 지속해야 합니다. 이 일은 분명 우리가 일생 동안 이행해야 하는 크나큰 과제입니다. 그리고 우리가 이 점에서 서로 같은 의견이라 기쁩니다. 그리스도를 따르는 이 과제를 우리는 살아 있는 내

내 실행해야 합니다. 우리가 이 과제에 완전히 만족하는 일은 결코 없을 것입니다. 그래도 여기서 중요한 것은 완벽이 아니라, 인간의 업적이 아니라, 믿음에서 비롯된 노력과 수고입니다.

하지만 예수님을 그저 모범으로 이해하는 것은 충분하지 않습니다. 당신은 다른 종교의 위대한 인물들을 언급한 바 있는데, 그들에 관해 저는 전혀 모르거나 조금밖에 알지 못합니다. 하지만 우리 그리스도교에도 그런 위대한 인물들이 있다는 것은 알고 있습니다. 그들은 예수님의 뒤를 따르며 탁월한 방식으로 살았습니다. 당신이 말한 아시시의 프란치스코도 그리스도교 전통에서 '성인'으로 불리는 많은 여성과 남성 중에서 한 모범이며, 이 성인들은 하느님의 뜻으로 충만한 이들, 하느님께 속한 이들입니다.

그러나 저는 이의를 제기하겠습니다. '탁월한 모범으로서의 예수님'이란 견해는 그리스도를 온전히 포괄하지 못합니다. 모범이라는 것은 따를 수도 있고 따르지 않을 수도 있기 때문입니다. 예수님의 삶과 죽음과 부활이 그저 모범이라면 — 여러 모범들 중 하나라면 — 예수님의 삶과 죽음과 부활이 당신에게는 대체 무엇이란 말입니까? 아닙니다. 제 견해로는 그리스도가 더 많은 것을 의미합니다. 이것은 우리 믿음의 근본적 진술과 관련이 있으며, 그래서 제가 '오직 그리스도'라는 표현에 이른 것입니다.

'오직 그리스도', 이것은 그리스도가 기준과 모범이 되시기에 앞서, 스스로 당신을 하느님의 은사와 선물로 우리에게 내어 주셨다는 뜻입니다. 다시 말해 복음의 본질은 하느님께서 우리를 당신의 자비 안에서 환대하셨으며, 그 누구도 기대하지 못할 만큼 차고 넘치게 그리스도 안에서 선물로 주셨다는 것입니다. 그래서 요한도 자신의 복음서에 이렇게 서술했습니다. "정녕 말씀이 육신이 되시어 우리 가운데서 거처하셨다. 우리는 그분의 영광을 보았다. 그것은 아버지로부터 오신 외아들다운 영광이라 그분은 은총과 진리로 충만하셨다. 과연 그분의 충만함에서 우리는 모두 은총에 은총을 받았다. 사실 율법은 모세로 말미암아 주어졌지만 은총과 진리는 예수 그리스도로 말미암아 비롯되었다"(요한 1,14.16-17).

제가 하느님의 의로움에 관해 당신에게 쓴 것은, 하느님의 의로움이 다른 것이 아니라, 바로 사랑으로 충만한 하느님의 자비라는 뜻입니다. 그분의 자비는 우리를 환대하고, 그분 보시기에 우리를 의롭게 만드는데, 이 자비는 예수님 안에서, 그분의 그리스도 안에서 실현됩니다. 그래서 저는 이렇게 말했습니다. "주님이신 그리스도의 이야기는 세 가지 방식에서 숙고해야 합니다. 첫째는 역사와 이야기로 보아야 합니다. 둘째는 선물과 은사로 봐야 합니다. 셋째는 우리가 믿고 따라야 하는 모범과 본보기로 봐야 합니다." 첫째를 위해서는, 곧 주님이신 그리스도의 역사,

그분의 가르침, 그분의 활동, 그분의 수난과 죽음, 하느님을 통한 그분의 부활이란 기쁜 소식을 알기 위해서는 성경을 간절히 읽어야 합니다. 둘째를 위해서는 더없이 감사하는 마음으로 하느님을 찾아야 합니다. 그분께서 주님이신 그리스도를 우리에게 선물로 주셨고, 그로써 우리 삶이 달라졌기 때문입니다. 끝으로 우리 주님이신 그리스도는 우리 삶의 규준, 우리의 생각과 말과 행동의 모범이 되십니다. 우리에게 그리스도는 이런 의미이며, 이를 저는 고백하는 바입니다.

그러므로 이런 관점에서 '오직 그리스도'는 '오직 자비'와 '오직 성경', 그리고 '오직 믿음'과 분명한 관계가 있습니다. 그리스도가 우리 세상에 오신 것은 하느님의 은총을 통해, 그분께서 그리스도 안에 오심으로써, 모든 인간과 모든 세계를 감싸 안는 그분의 자비와 사랑을 통해 일어난 일입니다. 하느님의 은총은, 하느님의 의로움과 자비는 ― 하느님의 활동을 인간의 말로, 그래서 유한한 말로 애써 옮겨 보자면 ― 단 한 가지 목적을 위한 것입니다. 그리스도 안에서 몸소 인간이 되신다는 것입니다. 이와 같이 크신 하느님과 작은 인간, 하느님의 사랑과 인간의 죄, 하느님의 의로움과 인간의 믿음은 서로 마주하고 있습니다. 이 모든 것들은 불가분으로 결합되어 있고, 이 모든 것들이, 사랑하는 형제 프란치스코여, 당신이 교황 권고로 설명한 바 있는 '복음의 기쁨'을 이루고 있습니다.

그리스도를 통해 또한 우리가, 비텐베르크의 설교자인 저와 로마의 주교인 당신이 연결된 것이 제게는 아주 큰 위로가 됩니다. 우리가 그리스도에 대한 서로 같은 신앙고백으로 온갖 비난과 난관을, 우리 사이에 놓인 분열과 상처를 극복할 수 있다면 얼마나 좋겠습니까. 그리스도인들은 믿음의 근원에 대해, 그리스도에 대해 늘 새롭게 자각해야 합니다. 그렇지 않으면 그 많은 갈등과 논쟁도 결국 무의미할 것입니다.

믿음에서는 그리스도를 인식하는 일이 가장 중요합니다. 그리고 이것은 베드로의 둘째 편지에 있는 마지막 문장이 전하는 바처럼 저와 당신에게, 그리고 모든 그리스도인에게 일생의 과제입니다. "오히려 우리 주님이시며 구원자이신 예수 그리스도의 은총과 그분에 대한 인식을 키워 나가시오. 그분께 영광이 이제와 또한 영원히 있도다. 아멘"(2베드 3,18). 한번은 제가 이렇게 말했습니다. "신학에서는 단지 한 가지 항목과 한 가지 규칙만 있습니다. 다름이 아니라 올바른 믿음과 그리스도에 대한 신뢰입니다. 이 항목으로 우리 믿음의 다른 항목들이 모여들거나 흩어집니다. 그리스도에 대한 이 항목 없이 다른 것들은 아무것도 아니며, 또한 아무 의미도 없습니다."

그 밖에도 가난한 이들에 대한 당신의 견해는 정말 옳습니다.

그리스도가, 하느님의 아들이 지금 이 땅을 거닐고 계시지만 누구도 그분을 알아보지는 못합니다. 그분은 또 목마른 사람, 굶주린 사람, 헐벗은 사람, 손님, 그리고 다른 여러 모습으로 나타나십니다. 이런 모습으로 그분은 우리를 만나시고, 이런 모습에서 우리는 그분을 알아챌 수 있습니다. 또한 우리는 믿음에서 비롯된 사랑을 그분에게 행합니다.

    사랑하는 형제 프란치스코여, 그리스도 안에서 우리가 화합하고, 그리스도 안에서 우리가 믿음과 사랑과 희망으로 하나가 됩니다. 이에 저는 감사드립니다.

당신의 형제 마르틴이
비텐베르크에서

사랑하는 형제 마르틴에게,

반가운 일은 당신이 지난번 편지 말미에서 인간이신 예수 그리스도를 이 세상의 가난한 이들과 연관시킨 것입니다. 마태오 복음서에 나오는 최후의 심판에 대한 예수님의 말씀에서 일어나는 일도 똑같습니다. "너희가 이 지극히 작은 내 형제들 가운데 하나에게 해 주었을 때마다 나에게 해 준 것이다"(마태 25,40). 그리스도적 삶의 결정적 기준은 가난한 이들을 보살피고, 굶주린 이들에게 먹을 것을 주며, 낯선 이들을 맞아들이고, 어떤 곤경에 처하거나 소외당한 이들을 위해 애를 쓰는 것입니다. 이 모든 것들을 저는 저의 성장 과정과 신앙 체험으로부터 불가결한 것으로 경험했습니다.

먼저 예수님을 그분 삶의 이야기를 통해 알게 되고, 그다음에 예수님을 하느님의 조건 없는 선물로 알아보며, 끝으로는 앞선 두 단계의 결과로서 예수님을 모범으로 이해하는 것, 당신의 이 세 가지 단계는 제게도 정말 좋은 신학으로 보입니다. 사람들 가까이에 있고 박애적인 신학이기 때문입니다. 이는 제 마음에 자리하고 있는 것과 같은 일종의 민중신학입니다.

그리스도인의 역사를 보면 물론 많고 많은 신학자들이 있는데, 그들은 몸 던져서, 그리고 다양한 개인적 체험을 가지고서 예수님에 대해 성찰했고, 또한 그분 존재의 신비를 밝히고자 했습니다. 때로 저는, 많은 사람이 너무 붕 뜬 말들만 하고, 거리에서 만나는 보통 사람들, 곧 일반적인 그리스도인들의 이해를 지나치게 넘어서는 사변에 빠져 있다고 생각합니다. 당신이 말한 것처럼 예수님과의 만남에서 중요한 것은 수준 높은 신학이나 훌륭한 사고 구조, 깊은 사색과 사유가 아니라, 그분과 나적 관계를 형성하는 것입니다.

이에 관해 저는 로다 주교로서 활동을 시작할 때 다음과 같이 표현했습니다. "그리스도를 따르며, 그분과 함께 걷고, 그분 곁에 머무는 것, 이것은 '걸어 나오는 것'을 요구합니다. 자신으로부터, 믿음을 지치게 하는 세상으로부터, 습관적 삶으로부터 걸어 나오는 것이고, 자신의 틀을 닫아 버리려는 시도로부터 벗어나는 것입니다. 그분을 따르고자 한다면, 그분 곁에 머물고자 한다면 우리는 아흔아홉 마리 양과 함께 초원에 머무는 것으로 만족해서는 안 되고, '걸어 나와야' 하며, 그런 다음 그분과 함께 잃어버린 양을, 가장 멀리 떨어져 있는 양을 찾아 나서야 합니다."

예수님은 착한 사마리아인을 본보기로 들어 이를 설명하셨습니다. 그는 불쌍한 사람을 그냥 지나치지 않고 아무것도 바라지 않으면서 돕습니다. 그 사람이 유다인인지 이탕인지 사마리아인인지, 그가 부자인지 가난한 사람인지 묻지 않았습니다. 그는 아무것도 묻지 않으며 아무것도 바라지 않고 그저 돕습니다. 이 비유로 예수님은 두 가지를 보여 주십니다. 착한 사마리아인은 인간적인, 나아가 그리스도적인 행위의 모범과 기준입니다. 이것은 예수님에 대한 당신의 셋째 단계에 부합할 것입니다. 다른 한편으로 착한 사마리아인은 하느님 당신께서 어떻게 내밀한 존재로서 계시는지, 어떻게 당신을 인간에게 드러내시는지 보여 줍니다. 하느님은 온전히 자비와 사랑이시며, 이로부터 생명과 축복, 그리고 보호를 선물하십니다. 제 생각에 이러한 생각은 당신의 둘째 단계에 내포되어 있는 바와 관련되어 있습니다. 그리스도는 은혜롭고 자비하신 하느님의 선물로 볼 수 있습니다.

착한 사마리아인의 비유는 저에게 한 가지 의미가 더 있습니다. 예수님은 착한 사마리아인처럼 사람들에게 마음을 쓰셨고, 또 형제가 되어 주셨습니다. 가난한 이들, 작은 이들, 소외된 이들이 특히 더 예수님의 형제자매입니다. 바로 그래서 모든 시대의 그리스도인이 예수님을 존경해야 합니다. 그리스도인은 하느님께서 우리 인간에게 맡겨 주신 자비를 그분 안에서 깨달을 수 있기 때문입니다. 그리고 그리스도인은 그리스도 안에서, 우리와 함께 계신 하느님 임마누엘 안에서 우리를 사랑으로 환대하는 하느님의 자비도 깨달을 수 있습니다. 다시 말해 예수님은 인간과 하느님 사이에 놓인 다리를 보여 주십니다.

이러한 신비를 우리는 예수 성탄 축제 때 특별한 방식으로 축하합니다. 이것은 예수님을 통한 하느님과 인간의 연결을 축하하는 잔치와 같습니다. 여기서 우리는 예수님을 단순히 어린아이로 생각해서는 안 되며, 구유에서부터 십자가에 이르기까지 그분의 온 생애를 받아들여야 합니다. 예수님에게서, 나자렛 목수의 아들에게서 어떻게 하느님의 빛이 늘 새롭게 일어나 비추는지 우리는 볼 수 있어야 하고, 또 봐야만 합니다. 하느님에 대해 무엇인가 알고 싶은 사람은 예수님을 봐야만 합니다. 또 우리는 어떻게 예수님에게서, 곧 하느님 백성들 중 한 사람에게서 형제자매애가 넘치게 일어나는지 볼 수 있어야 하고 또 봐야만 합니다. 인간에게 주어진 가능성에 대해 무엇인가 알기 원하는 사람은 예수님을 보아야 합니다.

사랑하는 형제 마르틴이여, 저는 주님의 해인 2016년을 자비의 해로 발표했습니다. 한 서신에서 — 교황 문서에 대한 당신의 반감을 알고 있지만 주의 깊게 읽어 주기를 부탁합니다. 어쩌면 당신의 생각이 달라질 수도 있을 것입니다 — 자비의 해를 시작하며 저는 다음과 같이 말했습니다. "예수 그리스도께서는 하느님 아버지의 자비의 얼굴이십니다. 예수님을 뵌 사람은 곧 아버지를 뵌 것입니다(요한 14,9 참조). 나자렛 예수님께서는 당신의 말씀과 행동, 당신의 온 인격으로 하느님의 자비를 드러내십니다.

우리는 언제나 자비의 신비를 바라보아야 합니다. 그 신비는 기쁨과 고요와 평화의 샘입니다"(「자비의 얼굴」 1-2항).

그러므로 만약 당신이 '오직 그리스도'와 '오직 믿음'의 연결을 보여 준다면 저는 당신에게 동의할 수 있습니다. 그리스도는 우리가 그분을 마음에 받아들여야만, 그런 다음 모든 이들을 위해 마음을 열어야만, 현대 세계가 종종 극적으로 야기해 낸, 갖가지 실존적 소외에 처한 이들을 위해 마음을 열어야만 의미가 있습니다. 얼마나 많은 상처가 우리 세상에 있고, 얼마나 많은 사람이 현대 세계에서 제 목소리를 내고 있지 못하며, 얼마나 많은 무관심이 사람들을 무너뜨렸고, 얼마나 많은 냉소가 사람들을 유린했습니까.

그러므로 저와 제 활동에 아주 결정적인 것은 그리스도와 믿음을 연결하는 것, 곧 그리스도가 자비의 행위에서 우리에게 모범과 기준이 되는 것입니다. '오직 믿음'에 대한 당신의 항변에 답하기 위해 저는 강조합니다. 우리는 결코 자신의 행위를 자랑해서는 안 되고, 행위가 우리에게 구원을 불러올 것이라고 생각해서도 안 됩니다. 구원은 오직 사랑이신 하느님의 일입니다. 하지만 우리에게는 ― 쉽게 말하자면 ― '세상과 무관한' 믿음이 아니라, 이 세상에서 입증되는 믿음이 필요합니다. 그리고 나아가 예수님의 모범에 따른 믿음, 자비를 통한 믿음이 필요합니다. 믿는 이들은 예수님의 뒤를 따르며 하느님의 자비를 우리 세상에서 반영해야 하고, 또 그렇게 할 수 있어야 합니다.

이것이 제 생각이며, 이것을 저는 제 삶에서 실천하려 노력합니다. 매번 새로 나타나는 온갖 저항에 맞서면서 말입니다. 아마 이 점에서는 제가 당신과 같은 생각일 것입니다.

아무튼 그랬으면 좋겠습니다.

당신 형제 프란치스코가
로마에서

응답인 신앙

사랑하는 형제 프란치스코에게,

편지를 주고받을 수 있어서 진정 기쁩니다. 한편으로는 제가 생각하고 있는 바를 점검해 보게 되고, 다른 한편으로는 당신 덕분에 많은 것을 새로 깨닫게 됩니다. 당신이 언급한 그리스도와 연결된 믿음이란 주제가 바로 그런 것입니다. 사마리아인의 자비, 예수님의 자비, 하느님의 자비, 이 모든 것은 밀접한 관계가 있습니다.

'세상을 고려하지 않은 추상적인 믿음'에 저는 극히 반대해서 다음과 같이 썼습니다. "이웃에게 한 푼 주는 것이 베드로에게 금으로 된 성전을 지어 주는 것보다 낫습니다. 전자는 하느님께서 요구하신 일인 반면 베드로는 아무것도 요구하지 않습니다." 물론 이러한 글 뒤에는 구체적 사건이 있습니다. 대주교들의 요구 때문에, 특히 로마 성 베드로 대성전의 건축 자금 조달 때문에 교황의 대사大赦 설교자들이 순박한 백성을 착취했던 것입니다.

그때까지단 해도 굉장히 경건한 사람으로 교황을 경외하던 저는 로마에 가 보았습니다. 온갖 성당과 지하 종당을 돌아보고, 거기에서 들은 새빨간 거짓말을 죄다 믿었습니다. 로마에서 또한 저는 새로운 성 베드로 대성전을 위해 놓인 첫 번째 돌이 우뚝 솟은 모습도 보았습니다. 이것은 교황 율리오 2세가 1506년 시작했던 것입니다. 그때를 떠올려 보면 섬뜩합니다. 로마는 쥐들의 둥지이며, 적어도 저는 그렇게 경험했습니다.

저는 성 베드로 대성전의 건축을 비판합니다. 이 새 성전은 거대해졌습니다. 이 성전은 교황권의 권력과 호화로움을 보여 주는 한 가지 실례이며, 독일 땅을 결국 피폐하게 만들었습니다. 수사 테첼을 비롯한 설교자들은 대성전 건축이 지속될 수 있도록 "돈이 헌금함 속에서 땡그랑 울리는 순간, 영혼은 하늘로 솟아오릅니다"라는 거짓 약속으로 그리스도인들을 기만하고 착취했습니다. 이 내용을 저는 1517년에 내붙인 95개조 명제에 써 넣었고, 지금도 같은 입장입니다. "동전이 함 속에서 울릴 때, 이득과 탐욕은 늘어납니다." "'대사大赦 설교자가 돈을 긁어모으고 있는 것을 교황이 알았다면, 그는 성 베드로 대성전을 불살라 잿더미가 되도록 해야 했다'라고 우리는 그리스도인들을 가르쳐야 합니다." 더 명확히 말하자면 ─ 그렇습니다. 저는 확실한 언변, 때로는 거친 언변으로 유명합니다 — 그리스도교는 성 베드로 대성전을 짓는 값을 비싸게 치렀습니다. 너무나 비싸게, 곧 그리스도교의 새로운 분열로 말입니다.

제가 끝없이 격분하는 이 실례에서, 제가 믿음을 어떻게 생각하는지가 분명히 드러납니다. 저는 다른 글에서 이렇게 썼습니다. "그리스도인은 자기 자신 안에서 사는 것이 아니라, 그리스도와 이웃 안에서, 곧 믿음을 통해 그리스도 안에서, 사랑을 통해 이웃 안에서 삽니다. 믿음을 통해 그리스도인은 하느님께로 가고, 사랑을 통해 하느님으로부터 자기에게로 돌아옵니다."

그러니 저에게, 저와 함께하는 이들에게 그저 믿음만 가치가 있고 믿음에서 나온 사랑의 선행은 그렇지 않다는 말은 가당치도 않습니다. 우리들과 당신들은 그리스도인으로 살아가는 길에서 곧잘 반대인 것처럼 보입니다. 당신들은 행위, 우리들은 믿음이라는 식으로 말입니다. 하지만 이는 틀렸습니다.

먼저 저는 1520년에 영주 요한에게 보낸 편지에서 선행에 관해 써 놓은 내용을 강조하고 싶습니다. "첫째가는 것, 가장 숭고한 것, 가장 고귀한 선행은 그리스도를 믿는 것입니다." 저는 또 썼습니다. "우리가 선행은 금지한 채 믿음에 대해서만 설교를 하는 것은 제가 한 환자에게 이렇게 말하는 것과 마찬가지입니다. '당신이 건강했다면, 당신은 모든 지체를 사용했을 것입니다. 건강하지 않다면 모든 지체를 사용하지 못할 것입니다.' 그리고 제가 사지를 쓰는 것을 금지했다면 그 환자는 그것을 떼어 내려 했을 것입니다. 제가 말하려는 바는, 먼저 건강해야 한다는 것입니다. 이와 같이 믿음이 모든 행위에서 우두머리요 대장이어야 합니다. 그렇지 않으면 아무것도 아닙니다."

행위가 믿음에서 자라나야 하는 것이지, 행위에서 믿음이 자라는 것은 아닙니다. 그래서 제가 '오직 믿음'을 말하는 것입니다. 믿음이 있다면 우리는 계률도 지시도 필요하지 않으며, 저절로 선행을 하게 됩니다. 하지만 믿음이 없다면 머리가 행위를 거부하여 아무것도 안 됩니다. 자신의 행위를 자랑하는 사람은, 당나귀 귀를 가지고 있기 마련입니다!

이와 달리 믿음은 하느님과 그분의 뜻을 위해 우리 마음을 열게 합니다. 이로써 우리는 하느님이 우리 안에서 어떤 일을 하시는지 알게 됩니다. 믿음 안에서 하느님의 힘이 우리에게 힘을 주고, 믿음 안에서 하느님의 지혜가 우리를 지혜롭게 하며, 믿음 안에서 하느님의 강함이 우리를 강하게 만듭니다. 하지만 믿음이 없으면, 이 모든 것도 없습니다.

그런데 믿음이 우리 그리스도인에게 요구하는 것은 무엇일까요? 저는 갈라티아 신자들에게 보낸 편지를 해설하며 이 물음을 던졌고, 또 쉬운 말로 답했습니다. "하느님은 제가 당신을 다른 분이 아니라 하느님으로 섬기는 것만 요구하셨습니다. 이는 모든 지혜 중의 지혜이며, 모든 신앙 위의 신앙입니다. 그리고 오직 이 때문에 믿음이 인간을 의롭게 합니다. 왜냐하면 믿음은 자신이 입은 은총을 하느님께 보여 드리기 때문입니다. 그리고 이렇게 하는 사람은 의로운 사람이고, 이 사람은 하느님 자비에 의해 하느님 앞에서 의롭게 됩니다. 그리고 이는 모든 행위에 우선합니다."

한번은 제가 탁상 담화에서, 한 사람의 믿음은 미약한 동시에 바위라고 말한 적이 있습니다. 믿음은 인간이 의지할 수 있는 '마음의 머릿돌'입니다. 물론 믿음에는 늘 시련이 따르기 마련이며, 저 또한 이를 직접 겪었습니다. 젊은 시절, 아이슬레벤에서 열린 성체 축일 행렬에서 저는 깊은 의심에 빠져들었습니다. 저는 살아오며 그런 의심에 쉼 없이 빠지고는 했고, 때로는 다른 이들에게 설교한 내용을 저 스스로가 믿을 수 없었습니다. 제가 아는 것이라고는, 제 믿음이 성장할 수 있도록 하루하루 기도해야 한다는 것이었습니다.

하지만 저는 그리스도를 신뢰합니다. 그분이 저를 믿음 안에서 강하게 하십니다. 로마에 있는 교황이나 우리 옆에 있는 사제가 아니라, 그분이 저의 의지처요 바위이십니다. 약한 이들도, 아니 바로 약한 이들이 믿음 안에서 그분의 나라에 속하게 됩니다.

코린토 신자들에게 전한 둘째 편지에서 하느님은 바오로의 입을 통해 말씀하십니다. "너는 내 은총을 넉넉히 받고 있다. 그 능력은 허약함 가운데서 완성되는 법이다"(2코린 12,9). 그러니 저는 바오로와 함께 이렇게 말할 수 있습니다. "그 때문에 저는 그리스도의 힘이 제 안에 살게 하기 위해 저의 약함을 기꺼이 자랑하고 싶습니다. 그 때문에 저는 담대합니다."

사랑하는 형제 프란치스코여, 당신도 담대하기를 바라며, 당신의 소임에서 믿음을 위한, 삶을 위한, 그리고 선행을 위한 힘을 주시는 분이 누구신지 늘 기억하길 바랍니다.

당신의 형제 마르틴이
비텐베르크에서

사랑하는 형제 마르틴에게,

　로마에 있는 성 베드로 대성전은 정말이지 거대합니다. 그 성전은 인간의 척도를 넘어서고, 그래서 어떤 면에서는 교황의 권위에 대한 상징이 아니라 — 아마도 제 선임자인 율리오 2세의 시대에는 그러했을 것입니다 — 인간적인 것을 초월하는 하느님의 뛰어난 권위의 표현으로 보이기도 합니다. 아닙니다. 저는 그리스도인의 이 거대한 성전이 불에 타 재가 되는 것을 보고 싶지 않습니다. 당신도 분명 동의할 것인데, 그럼에도 저는 교회가 성베드로 대성전처럼 화려한 교회라 하더라도, 돌이 아니라 사람들과 또 그들의 믿음에 달려 있다고 생각합니다. 교회는 공동체이지 건축물이 아닙니다. 그런데 당신의 모국어인 독일어에서는 이 두 가지가 같은 단어로 표현되니 유감입니다. 하느님의 백성은 하느님의 집과 무엇인가 다릅니다. 사실 교회는 공동체의 집으로 이해할 수 있습니다. 그분께는 집이 필요하지 않기 때문입니다. 그분은 어디서나 우리를 당신 사랑으로 감싸고 계십니다.
　로마에 있는 그 대성전은 아주 웅장하고, 아주 장엄하게 예술로 장식되어 있으며, 아주 많은 사람을 세계 곳곳에서 끌어모으고 있는데, 적지 않은 사람이 그곳에서 자신의 믿음을 굳건히 합니다. 그런데 저 개인적으로는 그 모든 것들이, 바티칸의 궁전들을 둘러싼 그것들이 너무 거대하고 너무 화려합니다. 그 모든 장엄한 것들이 저는 편하지 않습니다. 그리스도인에게 합당한 태도는 겸손과 겸양이고, 권력이 아닌 봉사이며, 풍요와 사치가 아닌 가난한 이들과의 연대이고, 거대한 건축이 아닌 이웃을 향한 관심입니다.

그래서 저는 사람들에게 방향을 제시하기 위해 부에노스아이레스에서부터 지켜 오던 방식으로 저의 사적인 삶을 검소하게 유지했습니다. 저는 전부터 궁전에서 살고 싶지 않았고 지금도 마찬가지여서, 성 마르타의 집에 있는 소박한 방 두 개를 쓰고 있습니다. 바티칸을 찾는 손님들을 위한 숙소인 그곳은 1884년 교황 레오 13세가 지었으며, 여러 부분에서 당시 모습을 그대로 간직하고 있습니다. 제 수호성인 아시시의 프란치스코가 아버지의 재산을 거절했던 것처럼, 그리고 포르치운콜라 성당 옆에 있는 허름한 오두막으로 물러났던 것처럼 저 역시도 수백 년의 전통을 뒤로하고, 예수님이 당신 제자들에게 요구하신 것과 같은 삶으로 돌아가려 했습니다. "여러분의 전대에 금화도 은화도 동전도 지니지 마시오. 길을 떠날 때에 자루도 속옷 두 벌도 신발도 지팡이도 지니지 마시오"(마태 10,9-10). 또한 저는 큰 차가 아닌 작은 차를 타고 다니기로 했습니다. 물론 예수님처럼 당나귀를 타면 좋기야 하겠지만 오늘날의 상황을 감안하면 적절하지 않은 것 같습니다.

당신이 로마에 대해 직접 경험하고 비판한 것들이 — 유감스럽게도 정당한 비판입니다 — 저 자신과 제 삶의 방식에는 오래전부터 맞지 않습니다. 모든 외적인 것은 완전히 부차적인 것이며, 때로는 그것이 믿음과 구원으로 가는 길을 가로막기도 한다는 당신의 생각에 전적으로 동의합니다. 그러니 그리스도를 믿는 모든 사람은 회개해야 하며, 복음의 본질을 깨닫고 행하도록 늘 새롭게 노력해야 합니다. 우리는 믿음과 자비가 우리의 삶을 결정하도록 해야 합니다.

언제나 그렇듯 당신은 지난 편지에서 명확한 표현을 사용하여 로마의 상태를, 곧 당신이 말한 '쥐들의 둥지'를 거세게 질책했습니다. 필요하다면 이제 저도 그런 질책을 할 수 있습니다. 2014년 저는 — 공교롭게도 성탄 인사에서 — 로마 교황청을 아주 날카롭게 비판했습니다. 만약 당신이 거기 함께 있었다면 환호했을 것이며 또 제게 박수를 보냈을 것이라고 확신합니다.

저는 15가지 비판 사항 중에서 첫째 사항부터 개혁을 요청하며 추기경들과 주교들, 그리고 다른 고위 성직자들을 놀라게 했습니다. "스스로를 비판하지 않는, 스스로를 쇄신하지 않는, 스스로를 개선하려 노력하지 않는 교황청은 병든 육체입니다." 자신들을 대단한 존재, 무류한 존재, 대체 불가능한 존재로 여기는 그들에게 대고 이 말을 했습니다!

이는 겨우 시작이었습니다. 저는 영적으로, 정신적으로 무뎌지는 것에 대해 분명히 경고했습니다. 그리고 당신에게서 나올 법한 표현을 새로 만들어 언명했습니다. 교황청 인사들이 '주님과의 만남'을 망각하는 것, 다시 말해 감독과 통치, 지배와 명령, 타인에 대한 조종과 독선이 그리스도와의 연결과 믿음을 대신하는 것을 '영적 치매'라고 꼬집어 말했습니다. 게다가 다른 많은 것에 대해서도 지금껏 들어 보지 못한 방식으로 공표를 이어 가자, 참석자들의 얼굴은 한 대 얻어맞은 양 돌처럼 굳었습니다. 하지만 때로는 이렇게 명확한 표현을 찾아내야 합니다. 이런 표현을 통해 폐단을 포착하고 인식해서 회심의 과정, 새로 정비하고 개선하는 과정을 거치도록 해야 합니다.

왜냐하면 제 생각에 이것은 그리스도의 믿음에 속해 있기 때문입니다. 우리는 하느님의 말씀과 명령에 늘 새롭게 일어나야 합니다. 하느님의 뜻에 충분히 그리고 알맞게 부합하지 않았다면 우리는 늘 새롭게 회심해야 합니다. 우리는 이웃을, 특히 가난한 이들을 언제든 사랑할 수 있도록 하느님 사랑에 우리 마음을 열어야 합니다. '회개하시오!'라는 복음 말씀은 우리 모두에게 유효한 말씀, 늘 새로운 말씀입니다. 참회는 협박이나 강요가 되어서는 안 됩니다. 참회는 예수 그리스도를 증인으로 하는 교회의 길, 곧 선한 것을 위한 쇄신의 길이어야 합니다.

이것이 우리의 길이라면 우리는 멈춰 서 있어서는 안 됩니다. 비유에서 자비로운 아버지가 돌아온 아들을 받아들인 것과 같이, 우리가 하느님의 품에 안길 수 있다는 믿음은 우리를 차고 넘치는 기쁨으로 가득 채웁니다. 우리의 믿음에서 관건은 하느님의 사랑을 늘 새롭게 만나는 것이고, 그래서 저는 교황 권고에 이렇게 썼습니다. "우리가 더욱 인간다워질 때, 곧 우리 자신을 벗어나 우리 존재의 가장 완전한 진리에 이르도록 이끄시는 하느님께 우리 자신을 내어 맡길 때, 비로소 우리는 온전한 인간이 됩니다"(『복음의 기쁨』 8항).

복음의 진정한 기쁨이란, 믿음을 통해서, 하느님의 자비를 신뢰함으로써 일어서고, 바오로가 말하듯 그리스도를 입은 새사람이 되는 것, 결국 그리스도처럼 세상의 깊은 어둠 속에서 빛이 되는 새사람으로 변모하는 것입니다. 예수님은 산상 설교에서 말씀하셨습니다. "여러분은 세상의 빛입니다. 이처럼 여러분의 빛이 사람들 앞에 비치어, 그들이 여러분의 좋은 행실을 보고 하늘에 계신 여러분의 아버지를 찬양하게 하시오"(마태 5,14.16).

사랑하는 형제 마르틴이여, 저는 믿음과 사랑의 관계, 하느님에 대한 신뢰와 선행의 관계를 이렇게 봅니다. 이렇게 저는 모두의 안녕을 위한 하느님의 활동과 인간의 활동의 관계를 봅니다. 이웃의 안녕을 위해 하느님 안에서 하느님과 함께 살아갈 때 우리에게 힘이 되는 것은 무엇일까요?

다음 편지에서는 하느님의 말씀을 전달하고, 모든 척도를 넘어서는 힘을 우리에게 주는 성경에 관해 이야기합시다. 그러면 좋겠습니다.

당신의 형제 프란치스코가
로마에서

성경은 우리를 강하게 합니다

사랑하는 형제 프란치스코에게,

하느님의 말씀을 우리에게 전해 주고 모든 척도를 넘어서는 힘을 주는 성경, 이 문장은 마치 제 입에서 나온 표현 같습니다. 저는 성경의 의미를 다음과 같이 표현한 적이 있습니다. "성경은 다른 모든 책들의 지혜를 어리석은 것으로 만드는 책입니다. 영원한 삶에 관해 다른 어떤 책도 이 책처럼 가르쳐 주지 않기 때문입니다."

저는 탁상 담화에서 그레고리오 성인의 문장을 언급했습니다. "코끼리는 수영을 해야 하지만, 양은 걸어갈 수 있는 강물이 바로 성경입니다." 여기서 제가 말하려 한 바는, 학자들은 성경을 이해하기 위해 많은 노력을 기울여야 하지만, 작고 보잘것없는 사람들은 성경이 무엇을 말하는지 곧장 이해한다는 것입니다.

제가 생각해 낸 표현 중에서 당신에게 한 가지 더 말하고 싶은 것이 있습니다. "성경은 비비면 비빌수록 더 많은 향기가 나는 불가사의한 약초입니다."

사랑하는 형제 프란치스코여, 제 마음에 성경이 ― 탁월한 방식으로 ― 자리하고 있음을 당신은 알 것입니다. 저는 학생일 때부터 집중적으로 성경을 공부했습니다. 신학 박사였던 저는 1512년 비텐베르크에서 '성서 강의'(Lectura in biblia), 곧 성서학으로 교수직을 받고 시편과 사도 바오로의 편지를 가르쳤습니다.

한때 저는 교황에게 국외 추방 명령을 받아 법적 보호를 받지 못하게 되었고, 아이제나흐에 있는 바르트부르크 성에서 '융커 요르크'라는 이름으로 숨어 지내야 했습니다. 이 시기에 성경 작업에 새로 착수했습니다. 저는 육적 '감금' 시기를 영적 자유에 도달하고 새로운 전기를 마련하는 데 이용했습니다. 두 달 동안, 정확히 말하자면 73일 동안 저는 신약성경을 독일어로 번역했습니다. 물론 독일어 번역 성경은 이미 있었습니다. 알려진 것만 거의 20가지였습니다. 하지만 그것들은 히에로니무스 성인으로 거슬러 올라가고 로마 교회의 의무적 성경 본문으로 간주되고 있던 라틴어 성경 불가타를 중역한 것들이었습니다. 불가타 성경은 제가 죽은 그해에 트리엔트 공의회에서 공인되었습니다.

하지만 불가타 역시 번역본이었습니다. 모든 번역은 이미 어떤 관점에서든 변형된 것입니다. 다른 나라 언어를 태어나서 자란 나라의 언어처럼 쓸 수는 없습니다. 하지만 제게는 성경의 실질적 의미, 원천적 의미를 읽어 내는 것이 중요했습니다. 그리고 그것이 기존의 전통적 해석에서 완전히 독립하는 길입니다. 그래서 저는 로테르담의 에라스뮈스가 펴낸 그리스어 신약성경 원전을 가지고 작업했고, 이로부터 새로운 독일어 번역 성경이 만들어졌습니다.

그런데 여기에는 한 가지 요구가 더 있었습니다. 순수하고 명확한 독일어를 사용하는 것입니다. 그저 학자들이나, 당나귀처럼 구는 교황주의자들만 이해할 수 있는 독일어가 아니라, 가정주부들이나 길가 아이들, 시장에 있는 보통 사람들에게 접근할 수 있는 독일어여야 했습니다. 저는 강한 언어, 비유가 많고 때로는 은유적인 언어를 선택했는데, 저의 상징적 언어가 당신 시대의 독일어에서도 사용되고 있다는 사실에 감명받았습니다. '돼지에게 진주를 던지다', '모래 위에 집을 짓다', '양의 가죽을 뒤집어쓴 이리', '종잇조각을 던지다'(엄히 질책하다) 같은 표현 등이 그렇습니다.

1522년 마침내 저의 신약성경이 출판되었고, 몇 년 사이에 몇 백 번이나 재판되었습니다. 히브리어 구약성경을 번역하는 작업은 12년이나 더 걸렸습니다. 저는 동료들과 함께 정확한 단어를 찾아 모두 독일어로 번역하고 해석하며, 모든 걸림돌과 방해물을 제거해 나갔습니다. 1534년에야 성경 전 권이 비텐베르크에서 출판되었습니다.『성경, 이것입니다/성경전서/독일어』라는 제목이었는데, 당신 시대에는 제 번역본이 아주 적은 부분만 교정된 채 『루터 성경』이라 불리고 있습니다.

저의 주된 업적이라 할 수 있는 이 작업과 더불어, 늘 저는 성경을 해석하는 일에 몰두했으며, 성경의 개별 책들에 주석을 달았습니다. 이때 제게 중요했던 것은 우의에 빠지지 않고 단순한 의미로 가르치는 것이었습니다. 성경의 의미는 성경이 곧 삶이자 힘이자 위로라는 점, 가르침이자 예술이라는 점에서 찾을 수 있기 때문입니다. 이를 인식하고 설명하기 위해서 꼬치꼬치 따지고 드는 바보짓이 필요하지 않습니다.

누군가 성경을 가지고 있고, 또한 읽고 있다면 그에게는 더 이상 다른 책이 불필요합니다. 성경은 그리스도교의 근원입니다. 그리스도인은 그곳에서 확실하고 안전하게 머물 수 있습니다. 그리고 성경을 독일어로 번역하는 것은 나무 말뚝이나 그루터기를 길에서 치워, 사람들이 방해물 없이 성경을 읽을 수 있도록 하는 것입니다. 성경은 사람들을 눈뜨게 하는 진정한 책입니다.

아마 저는 다른 이들보다 성경을 조금은 더 주의 깊게 읽었을 것입니다. 성경은 거대한 나무와 같습니다. 하지만 그 나무에 있는 단 하나의 가지나 줄기도, 이파리도 제 손으로 흔든 것은 없으며, 열매도 떨어뜨리지 않았습니다. 사람들은 성경에서 무엇인가 늘 새로운 것을 발견합니다. 저는 평생 동안 성경을 읽었으며 성경에 관해 설교했습니다. 그럼에도 매일 늘 새로운 것을 발견합니다.

저에게 중요한 견해가 하나 더 있습니다. 성경에도 더 중요한 책과 덜 중요한 책이 있다는 것입니다. 로마 신자들에게 보낸 편지는 제게 아주 중요하지만, 반면 야고보의 편지는 무미건조합니다. 하지만 모든 책들에는 핵심이, 모든 것이 거기로 향하는 중심이 있습니다. 바큇살들이 바퀴 축을 향하고 있는 것과 같습니다. 그리고 성경의 모든 책들 중심에는 예수 그리스도가 있습니다. 모든 책들이 곳곳에서 드러나게 혹은 감추어서, 명확한 말로 혹은 비유적인 말로 오직 그리스도에 관해서만 전하고 있습니다. 이것은 성경의 책들을 평가할 수 있는 기준이 되기도 합니다. '그 책이 그리스도를 몰아내는지 그렇지 않은지' 말입니다.

'오직 성경', 이것이 저의 네 가지 요구 중 한 가지입니다. 이것은 구체적으로 무엇을 의미할까요? 사랑하는 형제 프란치스코여, 이것은 설교자요 선포자인 우리가 성경을 중심에 두고 있어야 하며, 밤낮으로 성경에 몰두해야 한다는 의미입니다. 성경의 모든 책들은 오직 임금이신 그리스도만 섬깁니다. 성경은 그리스도로부터 우리에게 힘과 용기, 희망과 신뢰, 기준과 방향, 위로와 도움을 주고자 합니다.

이것에 대해 저는 아주 깊게 확신하고 있으며, 이것이 제 삶의 가르침입니다.

당신 형제 마르틴이
비텐베르크에서

사랑하는 형제 마르틴에게,

　당신이 성경 번역을 해낸 것과 같이 그런 인상 깊은 업적을 저는 내놓을 수 없습니다. 하지만 저 역시도 청년 시절부터 성경에 몰두했습니다. 당신과 같이 저도 열렬히 성경을 설교하며 선포하고 있습니다. 성경의 모든 책들에 담겨 있는 하느님의 자비에 대한 복음은 제 믿음과 삶에 각인되어 있습니다. 이런 복음, 이런 기쁜 소식이 저와 함께 동행하며 저의 말과 행동을 형성합니다. 또한 저는 성경 연구가 곧 '신학의 생명'이라는 제2차 바티칸 공의회의 문장에 동의합니다.
　공의회의 문장을 더 인용해 보겠습니다. "교회는 언제나 성경들을 주님의 몸처럼 공경하여 왔다. 왜냐하면 교회는 그리스도의 몸의 식탁에서뿐만 아니라 하느님 말씀의 식탁에서도 끊임없이 생명의 빵을 취하고 신자들에게 나누어 주고 있기 때문이다"(「하느님의 말씀」 21항). 당신이 이의를 제기한 것은, 당신 시대의 교회에서 책임자들이 하느님의 말씀을 선포하기보다 다른 일을 했기 때문입니다. 대주교들은 세속 지배자에 가까웠고, 하느님 말씀의 선포보다 권력과 재물에만 의미를 두었습니다. 그것이 그들에게는 본질적 과제, 포기할 수 없는 과제였을 것입니다. 유감스럽지만 동의합니다. 교회의 역사에는 분명한 과오가 있습니다. 그럼에도 교회는 성경을 잃지 않았습니다.

그래서 지난 마지막 공의회도 이렇게 언명할 수 있었습니다. "교회는 항상 성전聖傳과 함께 성경들을 신앙의 최고 규범으로 삼아 왔으며 또한 삼고 있다. 성경은 하느님 자신의 말씀을 변함없이 전달해 주며, 예언자들과 사도들의 말씀을 통하여 성령의 소리가 울려 퍼지게 하기 때문이다"(「하느님의 말씀」 21항).

저는 알고 있습니다. 성경과 성전을 나란히 두는 것은 문제가 있다고 당신은 생각할 것입니다. 또한 수백 년 이상 뒤에 등장한 성전과 해석 전통은 성경의 권위 아래에 놓여야 합니다. 한편으로는 그것이 분명 맞습니다. 다른 한편으로는 성경이 하늘에서 뚝 떨어진 것이 아니라는 것을, 신약성경의 책들은 첫 공동체 가운데서, 다시 말해 당시 이미 존재하고 있던 교회 속에서, 교회로부터 만들어졌다는 것을 저는 상기합니다.

그러니까 성경과 전통은 당신이 '오직 성경'이란 단어로 표현한 것보다 훨씬 여러 층위로 엮여 있습니다. 당연히 당신은 성서학자로서, 신약성경의 생성에 대한 연구를 주의 깊게 인식했을 것입니다. 저 또한 당신처럼 성경을 연구하고 말씀을 묵상하며 예수님, 곧 하느님의 그리스도가 복음의 핵심 증언이란 것을 깨달았습니다. 이런 점에서 저는 성경의 중심이 예수님을 향하고 있다는 당신의 말에 동의합니다. 하지만 저는 당신의 명백한 진술에 몇 가지 다른 관점을 추가하고 싶습니다.

먼저 지난 두 세기 동안, 곧 당신의 시대로부터 한참 후에 성서학은 현저하게 발전했습니다. 우리는 생성 맥락에 대해, 성경의 다양한 본문 유형에 대해, 성경의 저자들에게 영향을 준 당대의 문화적·지리적·경제적·종교적 맥락에 대해 과거보다 훨씬 더 많은 것을 알고 있습니다. 그리고 이것은 물론 해석에도 영향을 미쳤습니다. 성경의 어떤 책들은 시대적 제약을 가지고 있어서 다른 시대나 문화 상황에 적용될 수 없었습니다.

또한 우리는 우리 그리스도교의 구약성경, 곧 유다인의 히브리 성경의 독립성에 대해서도 더 많은 것을 알고 있습니다. 아마 당신도 동의할 것인데, 공의회조차 전통에 따라 이렇게 공표한 바 있습니다. "구약의 경륜은 세상의 구원자이신 그리스도의 오심과 메시아 왕국의 도래를 준비하고, 예언으로 알리고(루카 24,44; 요한 5,39; 1베드 1,10 참조), 여러 가지 표상으로 나타나도록(1코린 10,11 참조) 잘 짜여 있다"(「하느님의 말씀」 15항). 그렇지만 우리 시대의 신학자들과 성서학자들은 히브리 성경을 독립된 성경으로 봐야 한다고 강조합니다. 물론 구약성경의 어떤 증언이 그리스도와 연관되어 있는지를 우리는 소급하여 연구할 수 있습니다. 마태오 복음서가 이런 작업을 일관되게 하고 있습니다. "그리하여 이사야 예언자를 시켜 하신 말씀이 (그리스도 안에서) 이루어졌다"(마태

4,14; 8,17; 12,17). 하지만 이 작업 없이도 히브리 성경에는 전적으로 고유한 가치가 있습니다.

그러므로 저도 당신이 했던 것처럼, 성경의 내적 중심을 달리 규정해 보려 합니다. 성경의 기본 주제는 물론 그리스도이지만, 이것은 아주 넓은 맥락에서 낮게 깔려 있습니다. 제가 말하고자 하는 바는 모든 성경의 내적 중심을 탐색하기란 어렵다는 것입니다. 왜냐하면 성경에는 각양각색의 증언들, 한편으로는 서로 보완하는 증언들이 있으면서 다른 한편으로는 서로 상반되는 증언들도 있기 때문입니다. 성경은 한 가지 '기본 색'이 아니라, 다양하고 다채로운 '스펙트럼'으로 나타납니다. 성경에는 아주 많은 색깔이 있습니다! 하지만 이런 다양함과 다채로움 속에서도 중심 고백이 있는데, 사랑하는 형제 마르틴이여, 이것을 저는 당신에게 내적 중심으로 제안하고 싶습니다.

저에게 성경 전체에 퍼져 있는 진술은 하느님과 인간의 관계입니다. 성경은 하느님에 관해 이야기하고 있습니다. 성경은 하느님에 대한 인간의 경험을 모아 놓았으며, 또한 해석하고 있습니다. 우리는 하느님에 대한 비유를 아주 많이 발견할 수 있는데, 성경의 진술들이 거대한 모자이크로, 하느님의 모자이크로 보일 정도입니다. 그러니 성경은 하느님에 대한 책입니다. 동시에 성경은 인간에 대한 책이기도 합니다. 왜냐하면 성경은 인간의 삶을 모든 영역에서 포착하여 사랑과 행복, 슬픔과 환멸에 대해 이야기하기 때문입니다. 성경 속 인물들은 온갖 절정과 나락을 겪습니다. 성경에서는 하느님에 대한 진술이 인간의 삶과 연결되어 있고, 다양한 시대와 문화에 영향을 미치기도 합니다. 성경 이야기는 우리 개인의 이야기일 수 있으며, 또 그래야 합니다. 제 시대의 한 개신교 목사 요르그 징크는 이렇게 표현했습니다. "제 여정이 어디로 향해야 하는지 알기 위해 저는 성경이 필요합니다."

그래서 저는 성경과 관련해 '오직 그리스도'만 아니라, 넓은 틀에서 '오직 하느님, 오직 그리스도, 오직 성령'을 새롭게 말하고자 합니다. 성경의 책들에서 한 분이며 유일하신 하느님은 세 가지 얼굴로, 단지 그리스도만이 아니라 창조자요 보존자로, 또한 모든 생명을 부양하는 성령으로 나타나십니다. 그리고 이 세 얼굴이 다 함께 기쁜 소식을, 성경의 모든 책들에서 하나이며 서로 같은 복음을 형성하고 있습니다. 따라서 성경은 하느님의 영광과 인간의 구원을 위한 말씀을 모아 놓은 것입니다.

사랑하는 형제 마르틴이여, 이 편지를 당신에게 부칩니다.

당신의 형제 프란치스코가
로마에서

복음은 해방입니다

사랑하는 형제 프란치스코에게,

언젠가 저는 모든 성경과 복음이 "하느님의 은총과 자비에 대한 설교이며 외침일 뿐 다른 것은 아니다"라고 표현했습니다. 물론 저도 '오직 그리스도'에는 모든 것을 감싸 주시는 하느님에 대한 소식에 깔려 있다고 생각합니다. 오직 하느님만 당신의 의로움에 부합하는 당신의 자비를 보여 주시기 때문이고, 이 모든 것을 우리는 구약성경과 신약성경에서 읽고 있습니다. 하느님은 창조주이시며 보존자이시고, 저의 삶과 당신 삶을, 또한 모든 사람의 삶을 완성하는 분이십니다.

저는 한 탁상 담화에서 이런 비유를 든 적이 있습니다. "우리의 삶은 항해와 같습니다. 하지만 우리 배의 선장은 하느님 한 분입니다. 그분은 배를 그저 유지하는 것이 아니라, 폭풍과 파도를 가로질러 항해하여, 안전하고 무사하게 항구에 도착하게 합니다.

이 선주에게 의지하는 한 우리는 삶의 너울에서 벗어날 수 있습니다."

그러면 선주와 선장은 배를 어떻게 조정하며, 하느님은 우리 삶을 어떻게 조정하실까요? 그분은 무엇보다 당신 말씀으로 그렇게 하시며, 당신 말씀을 단지 우리 귀에 불어넣는 것이 아니라, 우리 마음 깊은 곳에 넣어 주십니다. 그분은 당신 말씀으로 우리에게 삶의 방향을 알려 주시고, 당신 말씀으로 안전한 항구에 대한 희망을 품게 하시며, 우리 삶의 배를 그 항구를 향해 조정하십니다. 그분의 말씀은 우리에게 힘을 주고 우리 삶의 돛이 됩니다.

저는 성경의 모든 책들을 — 서로 정도의 차이는 있습니다. 갈라티아서는 야고보서보다 내용이 풍부합니다 — 하나의 복음으로, 한 권의 구원의 책으로 이해합니다. 이러한 하나의 복음은 두 개의 계약으로 나뉘어 있고, 또 여러 권의 책으로 나뉘어 있습니다. 하지만 이것은 늘 하느님의 한 말씀, 하나의 소식에 관한 것입니다. 하느님은 하늘과 땅을 당신 손에 쥐고 계시기 때문에, 저는 그분을 아버지라 말할 수 있습니다. 그런데 하느님 말씀의 영광이 예수 그리스도 안에서 나타나기 때문에, 저는 그분을 주님이라 말할 수 있습니다. 그리고 하느님의 은총과 자비는 성령 안에서 나타나기 때문에 저는 그분을 위로자라 부를 수 있습니다.

이 모든 것이 '복음'이고, 제가 독일어로 옮긴 것처럼 "좋은 소식, 좋은 이야기, 좋은 새 기별, 좋은 외침이며, 사람들은 이에 대해 노래하고 말하며 기뻐합니다." 이런 복음은 한여름 무더위 속에 부는 산들바람입니다. "인간의 영혼이 살 수 있고, 신실해지고, 자유롭게 되는 곳, 그리스도인이 될 수 있는 곳은, 그리스도께서 설교하신 하느님의 말씀, 거룩한 복음 이외에는 하늘과 땅 어디에도 없습니다." 마태오가 인용한 모세의 말은 진정 옳습니다. "사람이 빵으로만 살지 못하고 하느님의 입에서 나오는 모든 말씀으로 살리라"(마태 4,4).

그렇지만 성경에 있는 모든 것이 하느님의 말씀일지라도, 그럼에도 모든 것은 그리스도를 향하고 있습니다. 성경의 복음은 다른 것이 아니라, 또한 달라서도 안 되며, 그리스도에 대한 말이거나 이야기입니다. 그분이 어떻게 하느님의 아들이 되셨고, 우리를 위해 사람이 되셨으며, 돌아가시고 부활하셨는지, 그리고 어떻게 모든 것의 주인이 되셨는지 말하고 있습니다. 이로써 우리는 성경을 하나의 포괄적 관점으로 보게 됩니다.

복음의 맞은편에는 율법이 있습니다. 여기에는 하느님과 사탄 사이처럼 긴장이 있습니다. 이런 말이 너무 극단적이고 심한 대립이라는 것은 저도 알고 있습니다. 이 부분을 조금 더 상세히 설명해 보겠습니다. 모든 사람은, 그리스도인이든 이방인이든, 무엇이 좋고 무엇이 나쁜지 자기 마음으로부터 잘 알고 있습니다. 그 사람은 모든 사람이 제기하는 기본적 요구들에 대해 잘 알고 있습니다. 토라, 곧 모세의 율법에는 그런 요구들이 십계명으로 아주 명확하게 제시되어 있습니다. 다른 많은 요구와 규칙, 법률, 규정 등은 포기할 수 없는 이 핵심 요구를 따릅니다. 이것은 공동생활에서 불가피한 규칙이지만 인간의 양심을 몰아세웁니다. 하지만 사람은 자신의 이성과 마음과 양심을 통해, 모든 것을 포괄하는 율법도 결코 충분할 수 없음을 알고 있습니다. 언제나 그 사람은 쉬이 잘못을 범하는 죄인이며, 잘못을 용서받는 것에 늘 의지해야 할 뿐입니다. 게다가 율법은 길을 잃게 만듭니다. 사람으로 하여금 자신의 노력에 의해 자신의 힘으로 구원에 이를 수 있다고 믿게 하기 때문입니다.

반면 복음은 율법을 넘어서 폭넓은 용서와 자비, 하느님의 신뢰와 사랑으로 이끕니다. 율법 자체는 죄가 아니지만, 인간으로 하여금 그것을 어겨 죄인이 되게 합니다. 바오로도 말했습니다. "나는 내가 원하는 선은 행하지 않고 원하지 않는 악을 저지르기 때문입니다."(로마 7,19). 하지만 복음은 우리의 감각이 우리 자신의 힘이 아닌 우리 구원자 그리스도를 향하도록 명합니다. 그래서 바오로는 로마 신자들에게 이렇게 말할 수 있었습니다. "그리스도께서 율법의 끝마침이 되시어 믿는 모든 이에게 의로움이 되어 주셨기 때문입니다"(로마 10,4). 이 말은 하느님 앞에서 그리고 하느님을 통해서 의롭다는 뜻입니다. 바로 이것, 곧 그리스도 안에서 하느님께서 몸소 불러오신 해방이야말로 복음의 본질입니다. 이를 믿는 사람이 구원을 받게 됩니다.

물론 인간이 복음을 통한 구원을 진정으로 받아들이지 않을 위험, 다시 율법에 굴복할 위험은 있습니다. 바오로는 갈라티아 신자들에게서 이미 이런 위험을 보았습니다. 그러나 저는 더 많은 것들을, 율법의 종살이보다 끔찍한 것들을 보았습니다. 그런 것들이 지난 세기에 교황의 교회에서 어떻게 발전하고, 그로써 복음이 어떻게 날조되는지 저는 보았습니다. 교회 안에서 복음이 율법에 맞춰 변질되었습니다. 파멸적 발전이었습니다.

사랑하는 형제 프란치스코여, 로마에서 당신이 해야 할 임무는 다시는 복음을 날조할 수 없게 하고 이로써 하느님 자녀의 자유가 새로이 빛나게 하는 것입니다. 하느님 자녀의 자유에 대해서는 나중에 더 쓰도록 하겠습니다. 이것은 제게 아주 중요한 주제입니다.

여기서는 구약성경에서 '자비'를 뜻하는 히브리어 단어가 어머니의 무릎이나 가슴과 관련이 있음을 언급하며 끝맺으려 합니다. 그래서 저는 하느님 자비를 이야기할 수 있습니다. "복음은 어머니의 가슴이며, 하느님의 배 안입니다. 복음을 통해 그분은 우리를 낳으시고, 젖을 먹이시며, 돌보십니다."

이것이 그리스도인의 진정한 자유를 만들어 냅니다. 그리스도 안에서 자유로워진 한 설교자가 당신에게 이 기쁜 소식을 거짓 없이 전합니다.

당신의 형제 마르틴이
비텐베르크에서

사랑하는 형제 마르틴에게,

솔직히 말해서 율법과 복음에 대한 당신의 단호한 대립, 양립할 수 없는 대립에 저는 조금 무력합니다. 그리고 어찌할 바를 모르겠습니다. 율법과 복음에 대한 당신의 — 당신의 표현이 강하다고 한 번 더 말하겠습니다 — 흑백 구도에 공감할 수 없으며, 그러한 구분을 왜 선전해야 하는지 이해할 수도 없습니다.

그럼에도 당신이 하느님에 대해 우리 삶의 선장이란 아름다운 상징을 사용한 것은 높게 평가합니다. 저부터 많이 경험하기를, 하느님은 저를 늘 새로운 길로 가게끔 하셨습니다. 본명은 요한 셰플러였던 시인 안겔루스 질레지우스의 격언이 여기에 아주 적절하다고 생각합니다. 그는 당신보다 150년 후의 인물로 자신의 삶과 시와 신학적 성찰로 개신교와 가톨릭 사이에서 다리 역할을 했습니다. 그는 다음과 같이 썼습니다. "친구여, 당신이 그러한 사람이라도, 그렇게 멈춰 서 있지는 마십시오. 사람은 한 빛에서 다른 빛으로 끊임없이 가야만 합니다."

끊임없이 새로운 기슭을 찾아 멀리 나다봐야 한다는 것, 우리의 삶에는 전혀 예상하지 못한 방식으로 중요한 사건이 벌어질 수 있다는 것, 그로써 우리가 전적으로 필수적인 영적·정신적 활력을 유지한다는 것은 아마도 우리 둘 다에게 중요한 문제일 것입니다. 그리고 우리는 그리스도인으로서 복음의 기쁨을 믿어야 합니다. 그래서 저는 첫 교황 권고에서 자비하신 하느님에 의한 삶의 전환을 신뢰해야 한다고 말했습니다.

다시 율법과 복음으로, 당신이 널리 알린 복음을 통한 율법으로부터의 해방으로 돌아가겠습니다. 당신은 분명 갈라티아에 있는 바오로의 공동체를 생각했을 것입니다. 바오로는 자신의 공동체가 낡은 사고에 빠지지 않도록 경고했습니다. "자유를 위하여 그리스도께서는 우리를 해방하셨습니다. 그러니 여러분은 이제 굳건히 서서 다시는 종살이 멍에에 얽매여 있지 않도록 하시오" (갈라 5,1).

할례에서 시작하여 식사 계명에 이르기까지, 바오로는 구원받기 위해서 유다교의 의례를 준수해야 한다고 보지 않았습니다. 바오로는 옳습니다. 도를 넘어서는 적법성適法性이, 인간이 만든 모든 법률과 규정을 하느님의 뜻으로 설명하여 관철하려 드는 적법성이 만연한 게 사실입니다. (물론 그런 자들은 자신들이 하느님의 뜻을 정확히 알고 있다고 믿습니다.) 이런 식의 적법성은 불행히도 우리 교회에 있었고 앞으로도 계속 있을 것입니다. 적법성은 사람들을 감옥과 다름없이 가둡니다.

이때는 하느님 자비에 대한 복음, 예수님이 걸어가신 길과 모범에 대한 복음, 성령의 도움에 대한 복음을 해방으로 제시할 수 있습니다. 복음을 지침으로 받아들인 사람에게는 — 물론 그들에게도 산상 설교에서 예수님이 가르치신 여덟 가지 행복과 같은 척도가 있습니다 — 인간의 행위나 업적이 아니라, 자비하신 하느님의 선물이 중요합니다.

하지만 정말로 모세의 율법이, 신약성경의 여러 규정이, 무엇보다도 모세의 십계명, 곧 '시나이 산에서 받은 십계명'이 단지 인간을 가두고 억누르는 감옥만을 의미하는 것일까요? 당신 생각처럼 율법이 인간을 거역할 수 없는 죄인으로 만드는 것일까요? 하느님의 은총이 없으면 인간은 정말 그저 가련한 고깃덩어리, 자신의 힘으로는 선을 행할 수 없고 늘 죄인으로 머물러야 하는 존재일까요? 저는 대단히 의심스럽습니다.

한편으로 제시하고 싶은 것은 창조에 대한 이해, 하느님께서 세상을, 또 인간을 좋게 창조하셨다는 사실입니다. 인간이 늘 하느님의 뜻을 어길지라도, 인간이 카인과 아벨에서 시작하여 지금까지 핏빛 역사를 쓰고 있을지라도 이것은 인간이 가진 한 측면일 뿐입니다. 인간으로 인한 폭력의 역사, 민족과 문화로 인한, 불행히도 종교로 인한 폭력의 역사가 있는 것은 사실입니다. 그렇지만 사랑의 역사, 도움의 역사, 연대의 역사도, 그리고 선을 만들어 내는 인간과 민족, 문화와 종교의 역사도 있습니다. 사랑하는 형제 마르틴이여, 이를 잊지 마십시오. 그리고 인간을 있는 그대로보다 나쁘게는 보지 마십시오.

    달리 제시하고 싶은 것도 있습니다. 저는 십계명이 성경의 다른 여러 계명과 마찬가지로 하느님의 계명으로 전해 온다고 생각합니다. 십계명은 온갖 요구에 충분히 부합할 수 없어 인간을 결국 자포자기에 빠뜨릴 수밖에 없는 파멸적 의무가 아닙니다. 저는 십계명을 오히려 유용한 이정표로, 우리 삶의 길잡이로, 하느님께서 주신 규칙으로, 하느님께 받은 삶을 보존하고 보호하는 규칙으로 받아들입니다. 그래서 이 계명은 삶을 촉진하는 것이지, 결코 죄인의 죽음을 불러오는 것이 아닙니다. 물론 우리는 하느님의 지시를 끊임없이 그르치기 마련입니다. 당신이나 다른 모든 이들과 마찬가지로 저 역시 약한 죄인입니다. 하지만 그래도 십계명은 선의 길로, 평화의 길로, 그리고 더불어 사는 삶의 길로 우리를 안전하고 공평하게 이끕니다.

    지난 두 세기 동안의 성경 연구는 많은 성경 계명을 다른 시대나 문화로 쉽게 이식할 수 없음을 보여 줍니다. 성경 계명은 지극히 특정한 상황에 처한 이스라엘 백성들을 위해 주어진 구체적 지침이기 때문입니다. 그러므로 성경 본문을 비판 없이 무조건 다른 시대로, 당신의 시대만 아니라 제 시대로 전달할 수는 없습니다. 중요한 것은 성경을 문자 그대로 받아들이는 것이 아니라, 성경의 근본 의의, 내적 의미, 그리고 오늘날의 의미를 이해하는 것입니다. 성경의 율법과 계명을 더 이상 죄의 길이 아닌 생명의 길로 이해하고, 다른 시대에도 도움이 되는 지침으로 인식한다면 복음의 의미를 무너뜨리지는 않을 것입니다. 당신 백성을 이집트와 바빌론의 억압 속에 버려두지 않고 해방하신 하느님에 대한 복음은, 또한 우리도 언제나 해방으로 이끕니다. 제 고향 라틴아메리카에서 특별한 방식으로 발전한 이른바 해방신학은, 복음을 통한 가난한 이들의 해방을 목적으로 하고 있는데, 해방의 하느님에 대한 믿음을 똑똑히 증언합니다.

저는 자비의 해를 맞아 발표한 칙서로 당신의 생각에 답하겠습니다. "자비는 결코 정의와 모순되는 것이 아닙니다"(「자비의 얼굴」 21항). 이 말은 이렇게도 바꿀 수 있겠습니다. "그러니 복음은 율법에 맞서 있지 않습니다." 복음과 율법은 둘 다 하느님의 자비에서 생긴 것입니다. 그분은 우리를 구원하려 하시고, 죽음이 아닌 삶을 바라십니다.

다시 한번 자유와 해방에 대한 주제로 돌아가 봅시다. 저는 이 주제를 중요하게 여기고 있습니다.

당신의 형제 프란치스코가
로마에서

그리스도인의 자유에 대해

사랑하는 형제 프란치스코에게,

자유, 이로써 당신은 저에게 딱 맞는 주제, 개혁 활동의 시작부터 저를 움직였던 주제를 던져 주었습니다. 자유, 이것은 모든 것을 결정하는 주제이고 저의 친구 멜란히톤이 말한 것처럼, '그리스도 가르침의 총체'입니다. 자유, 이에 관해 저는 1520년에 직접 글을 한 편 썼으며, 같은 해에 반대되는 글을 한 편 더 썼습니다. 두 글은 한 천칭에 달린 양쪽 접시처럼 평가할 수 있습니다. 「교회의 바빌론 포로살이에 대하여」와 「그리스도인의 자유에 대하여」입니다. 전자는 교회가 그리스도인을 가두어 넣는 구속에 대해, 후자는 복음이 그리스도인에게 말하는 해방에 대해 다룹니다. 해방은 우리가 추구해야 할 최고의 것입니다. 저는 이를 행하고 있으며, 사랑하는 형제 프란치스코여, 당신의 교회에서도 이를 행해야 합니다. 당신의 교회에서 믿는 이들을 그리스도인의 자유를 향해 해방하십시오.

그런데 제가 자유에 대한 글을 쓴 동기는 사람들의 추측과 판이하게 다릅니다. 저는 교황이 저에 대한 선고에 이미 서명을 했다는 것을 알고 있었습니다. 또한 중상적인 교황주의자 요한 에크가 파문 경고장인 「주님, 일어나소서」를 곧 공표하려 한다는 것도 알고 있었습니다. 저는 복음서들 안에서 바르고 진실한 내용을 깨달았는데, 이에 대해 유죄 판결을 내리는 게 마치 주 하느님께서 바라시는 일인 양 전개되었습니다.

이에 반해 작센의 교황대사인 귀족 카를 폰 밀티츠는 평화를 지키려고 온 힘을 다했습니다. 그는 저와 많은 대화를 나누며, 「교회의 바빌론 포로살이에 대하여」 같은 논쟁적인 글로만 저의 견해를 밝힐 것이 아니라, 교황으로 하여금 저에 대한 판결을 바꿀 만한 화해적인 글도 쓰라고 청했습니다. 저는 평화를 위해 그렇게 했습니다. 그 결과가 「그리스도인의 자유에 대하여」입니다.

또한 제가 그렇게 했던 것은 그리스도가 인간에게 가져온 자유에 매혹되었기 때문입니다. 그리스도와 함께 새로운 시대가 시작되었습니다. 하느님의 자비와 의로움을 통해 올바르게 되고 구원으로 이끌리기 위해 이제는 인간의 많은 외적 업적이 아니라, 오직 믿음만 중요해진 시대입니다. 예수님이 장사꾼과 환전상을 성전에서 내쫓으신 것처럼, 모든 성전 사업을 물리치신 것처럼,

또 시편 69편에서 "당신 집에 대한 열정이 저를 불태웁니다"(시편 69,10)라고 이르는 것처럼 저는 외적인 모든 것에 등을 돌렸습니다. 미사와 아침기도 읽기, 오르간과 종 울리기, 성지를 향해 달려가기와 순례길 떠나기, 허리 숙이기와 무릎 꿇기, 보물과 장신구, 대사금과 로마를 위한 정책금에 대해 반대했습니다. 이 모든 것은 믿는 이들을 과도한 의존과 구속으로, 구원에는 아무런 소용이 없는 행위의 포로살이와 노예살이로 빠져들게 만들 뿐입니다.

반면에 자유는 그리스도를 믿는 이들에게 선물로 주어졌습니다. 그리스도는 율법의 모든 억압으로부터의 자유, 모든 경건한 행위와 업적으로부터의 자유, 교회와 세상의 기준으로부터의 자유입니다. 그러면 오직 사랑만이 남습니다.

그리스도인의 자유는, 많은 사람이 제게 비난하는 것처럼 죄를 짓기 위한 자유가 절대 아닙니다. 우리는 죄의 용서를 배우는 것이지, 죄를 짓기 위한 자유를 배우는 것은 아닙니다. 일찍이 베드로 성인은 자신의 첫 편지에서 이를 기억하며 다음처럼 썼습니다. "여러분이 선한 일을 하여 어리석은 사람들의 무지한 입을 막는 것이야말로 하느님의 뜻이기 때문입니다. 여러분은 자유인입니다. 그러나 자유를 악을 행하는 구실로 삼지 말고 오히려 하느님의 종으로 처신하시오"(1베드 2,15-16).

저는 자유를 어떻게 보고 있을까요? 「그리스도인의 자유에 대하여」첫 부분에 저는 두 문장을 제시해 놓았는데, 기쁘게도 많은 그리스도인에게 널리 회자되었습니다. "그리스도인은 모든 것에 대한 자유로운 주인이지, 누구에게도 종속되어 있지 않습니다. 그리스도인은 모든 것을 섬기는 종이며 모든 이에게 종속되어 있습니다." 이와 똑같이 이미 바오로도 코린토인들에게 논박한 바 있습니다. "실상 나는 모든 이에 대해서 자유로운 몸이지만 할 수 있는 대로 많은 사람을 얻기 위하여 나 자신 모든 이의 종이 되었습니다"(1코린 9,19).

그리고 이로써 바오로와 저는 예수님의 뒤를 따릅니다. 필리피 신자들에게 보낸 편지에서 바오로는 찬미합니다. "그분은 하느님의 모습을 지니셨지만 도리어 자신을 비우시어 종의 모습을 취하셨도다"(필리 2,6-7). 그분은 이를 인간을 향한 사랑으로 행하셨습니다. 누구에게도 굴복하지 않은 그분은 모든 이들의 종이 되셨고 제자들의 발을 씻어 주셨습니다.

그러므로 그리스도인의 자유에는 두 가지 의미가 있습니다. 첫째는 아무것에도 그리고 누구에게도 굴복하지 않는 것입니다. 우리는 저마다 하느님의 자녀이고, 따라서 제한될 수 없는 자유를 내면으로부터 가지고 있습니다. 둘째로 자유는 이웃을 사랑하고 섬기기 위해 준비하는 것을 뜻합니다. 그리스도인의 자유는 인간을 가두어 넣고 노예로 만드는 모든 규정으로부터의 자유,

무엇보다 인간의 모든 행위로부터의 자유입니다. 또한 이 자유는 사랑과 헌신, 봉사와 연대를 향한 자유입니다. 이를 저는 로마서 주석에서 간결한 문장으로 옮겼습니다. "모든 나날이 축제이고, 모든 음식이 허용되며, 모든 장소가 성스럽고, 모든 시간이 사순 시기이고, 모든 의복이 허락되고, 모든 것이 면제되지만, 겸손과 사랑만은 지켜져야 합니다."

그리스도인은 자유롭고 기쁨에 찬 마음으로 하느님을 향해 나아갈 수 있고, 하느님을 신뢰할 수 있어야 합니다. 그리스도인은 처벌을 두려워할 필요도, 양심의 가책을 만들어 낼 필요도 없습니다. 금욕과 금식에 얽매일 필요도, 교회가 규정하는 온갖 외적인 것에 구속될 필요도 없습니다. 오히려 자신을 오직 그리스도, 오직 하느님의 은총, 오직 하느님의 말씀, 오직 하나의 깊은 믿음에 구속해야 합니다. 바오로는 갈라티아 신자들에게 보낸 편지에 이렇게 썼습니다. "실상 모든 율법은 '네 이웃을 네 자신처럼 사랑하라'는 한마디 말씀 안에 다 들어 있습니다"(갈라 5,14).

「그리스도인의 자유에 대하여」 첫 부분에 대해 여태껏 설명했으니, 이제는 같은 글의 끝부분을 상기하겠습니다. "그리스도인은 자기 자신 안에서 사는 것이 아니라 그리스도와 이웃 안에서, 다시 말해 믿음을 통해서는 그리스도 안에서, 사랑을 통해서는 이웃 안에서 삽니다."

그러니 이것이 올바르고 영적이며 그리스도적인 자유이고, 이 자유가 율법과 규중의 모든 죄로부터 양심을 자유롭게 합니다. 이러한 자유는 하늘과 땅에 있는 모든 것을 넘어선다고 저는 확신합니다.

당신의 형제 마르틴이
비텐베르크에서

사랑하는 형제 마르틴에게,

저는 전적으로 이해합니다. 당신이 겪은 개인적 상황이나 당시 교회가 처한 현실을 고려하면 무엇보다 자유라는 단어가 당신에게 중요했을 것입니다. 당시에는 사실 외적 형식들이 지나치게 많았습니다. 그렇지만 저는 외적 행위 자체가 아니라, 외적 행위를 통해 구원을 얻어 낼 수 있다는 믿음이 문제라고 생각합니다. 이러한 태도를 당신은 정당하게 비판했으며, 또 그에 맞서 싸웠습니다. 더불어 당신은 구원에 이르기 위해서는 오직 하느님의 자비와 은총에, 그리고 그리스도에 매달려야 한다는 것을 정당하게 지적했습니다.

그렇지만 그 때문에 외적 행위를 아직까지 그저 그리스도인의 '포로살이'로 매도해서는 안 됩니다. 물론 피상적인 측면이 있고, 낡은 관습도 있습니다. 물론 종교 사업이 복음을 향한 우리의 시선을 가로막을 수도 있습니다. 하느님의 말씀을 진심으로 받아들이려면 그리스도인은 이런 위험으로부터 자신을 지켜야 합니다. 하지만 인간은 영혼과 정신만 아니라, 육체로도 이루어져 있음을 감안해야 합니다. 인간은 무언가를 모든 감각으로 받아들이기를 원하고, 또 그렇게 해야 합니다. 이것이 인간의 마음을 움직이고, 회개하게 하며, 새롭게 시작할 준비를 갖추게 합니다.

간단한 예시를 들어 더 설명해 보겠습니다. 이 예시는 자비의 해에 대한 저의 칙서에 언급된 바 있습니다. 당신은 순례에 대해, 그리고 성지를 향하는 것에 대해, 가령 성의聖衣가 보관되어 있는 트리어 순례를 날카롭게 비판했습니다. 1546년 「친애하는 독일인들에게 전하는 경고」라는 글에서 당신은 이렇게 썼습니다. "어떻게 트리어로 순례를 떠날 수 있다는 말입니까! 예수님의 옷을 빌미 삼은 이 새로운 사기는 무엇이란 말입니까? 악마는 온 세상에서 무엇으로 거대한 시장을 유지하며, 무수한 거짓 표징을 파는 것입니까? 무엇보다 분노하는 바는, 거짓 표징이 그런 거짓을 의지하고 신뢰하게 만들면서 사람들을 그릇된 길로 끌어들여, 그리스도로부터 끌어낸다는 것입니다." 진정 그런 것이 사람들을 그리스도로부터 멀어지게 한다면, 그렇다면 저 역시 '트리어의 사기'라는 당신의 거친 발언에 바로 동의하겠습니다.

하지만 순례가 그리스도인들을 그리스도에게로 이끌 수 있지도 않을까요? 저는 희년을 맞이하여 그리스도인들에게 로마나 다른 장소로 순례를 떠날 것을 권유합니다. 순례는 특별한 표징이며, "사람들이 저마다 자신의 삶에서 지나온 길의 상징이기 때문입니다. 삶 자체가 순례이고, 인간은 나그네, 곧 간절히 바라는 목적지를 향한 길을 걷는 순례자입니다. 순례는 회개의 계기가 되어야 할 것입니다. 우리가 성문을 지나가면 하느님의 자비가 우리를 감싸 주시어 하느님 아버지께서 우리에게 하시듯이 우리도 이웃에게 자비를 베풀도록 힘써 노력할 것입니다"(「자비의 얼굴」 14항).

물론 이런 외적 행위가 결국 결정적인 것은 아니지만, 도움이 될 수는 있습니다. 자신에게 긋는, 또는 아이에게 그어 주는 십자성호는 외적 행위지만, 육체적인 표시로써 내적 믿음을 밖으로 드러내고 떳떳하게 고백하는 행위이기도 합니다. 이것은 중요하지 않은 것이 아닙니다. 풍습, 신앙 관습, 순례, 그리고 그 밖의 다른 것들은 인간을 붙잡아 주고, 믿음을 일깨워 주며, 그리스도의 영으로 살아가는 삶을 격려해 주고, 영혼과 육체를 가진 온전한 존재로서 인간을 수용해 줄 수 있습니다.

이제 제가 당신에게 던졌던 해방이란 주제로 가 봅시다. 당신이 믿음의 근거를 성경에서 찾는 모습과 그중에서도 사도 바오로의 편지에 근거하여 그리스도의 복음을 이해하려 한 모습에 저는 깊은 인상을 받았습니다. 바오로가 코린토 신자들에게 "주님의 영이 계신 곳에는 자유가 있습니다"(2코린 3,17)라고 적어 보낸 것에 저 역시 동의합니다. 갈라티아 신자들에게 보낸 편지에서는 "그러나 때가 찼을 때에 하느님께서는 당신의 아드님을 보내셨으니, 그것은 율법 아래 있는 이들을 속량하기 위함이었습니다"(갈라 4,4-5)라고 일깨우며 더 명확히 설명했습니다. 그리고 바오로는 할례와 유다인의 율법은 더 이상 중요하지 않다고 덧붙였습니다. "사실 그리스도 예수 안에서는 오직 사랑으로 행동하는 신앙이 중요하기 때문입니다"(갈라 5,6).

이 말씀은 갈라티아 신자들에게 보낸 편지에서 독특한 문구이며, 이 편지를 오래 연구하는 동안 당신에게도 이 문구가 눈에 띄었을 것입니다. 이로써 새 율법의 특징이 드러나며, 그리스도인에 대한 요구가 제시되었습니다. "서로 남의 짐을 져 주시오. 그리하여 여러분은 그리스도의 율법을 채우시오"(갈라 6,2). 그리고 바오로는 "영의 열매"가 ― 저는 이를 예수님의 새 율법으로 이해합니다 ― "사랑, 기쁨, 평화, 인내, 친절, 착함, 신용, 온유, 절제"라고 열거했습니다(갈라 5,22-23).

여기서 저는 당신과 달리 생각한다고 말하겠습니다. 당신이 숙고한 '한 그리스도인의 자유'는 옳은 것입니다. 하지만 만약 이를 한 인간, 한 개인이 아니라, 인간 집단이나 단체에 연관 지어 본다면 이 자유란 무엇이란 말입니까? 당신이 생각하는 자유가 개인에게는 너무 크게(물론 필요한 일입니다), 집단에는 너무 적게(또한 필요한 일입니다) 맞춰져 있는 것은 아닙니까? 한 그리스도인의 자유에 대한 당신의 이해가 인간 내면을 아주 명확하게 바라보고 있기는 하지만, 국가와 사회, 사회적 관계와 조합, 교회와 공동체 속에 있는 인간의 뒤얽힌 외적 관계는 외면하고 있습니다. 물론 당신은 교회의 공동체를 비판하지만, 그래도 항상 개인의 내적 자유와 관련해서만 비판합니다. 제 생각으로는 한 그리스도인의 자유에 대한 당신의 시작은 좋습니다. 그런데 거기서 더 나아가야 합니다. 그리스도인의 자유에는, 또한 다른 모든 이들의 자유에는 더 많은 것이 필요합니다.

당신은 물론이고 저나 다른 모든 이들도 자신이 속한 시대의 자녀입니다. 당신은 교회의 직권을 비판했고, 이는 많은 부분에서 전적으로 옳습니다. 하지만 당신은 국가와 군주의 직권을 받아들였습니다. 이런 경우에 만약 그런 국가적 직권자가, (교회만 아니라) 다시 말해 경제와 사회의 지배자가 부정하다면, 피지배자를 억압한다면 해방의 소식은 어디에 있다는 말입니까?

저는 한 그리스도인의 자유와 온 그리스도인의 자유를 훨씬 폭넓게 봐야 한다고 생각합니다. 이러한 생각의 배경에는 라틴아메리카가 처한 현실이 있고, 저는 어쩔 수 없이 제 시대의 영향을 받습니다. 교회는 모든 인간 사회에서 자유의 명백한 표징, 유효한 표징이 되어야 합니다. 교회는 해방을 널리 알려야 하고, 또 해방의 과정에 함께해야 합니다. 아마 이런 점에서는 제가 당신보다 '루터적'일 것입니다. 안타깝지만 꼭 말하고 싶은 것이 한 가지 더 있습니다. 자유는 우리가 먼저 교회에서부터 시작해야 합니다. 현재는 부족한 점이 너무 많으며, 교회에는 갖가지 구속이 있습니다.

그러니 사랑하는 형제 마르틴이여, 우리가 복음의 자유를, 그리스도가 우리에게 가져오신 자유를, 해방자 하느님이 원하시는 자유를 지금까지보다 더 폭넓게 봅시다. 우리가 자유로운 사람이 되어야 합니다.

그렇게 되기를 당신과 저에게, 그리고 모든 이들에게 희망합니다.

당신 형제인 프란치스코가
로마에서

자유의 공동체 — 교회

사랑하는 형제 프란치스코에게,

아마 저는 국가적 직권자와 관련해서 아주 미숙했을 것입니다. 저는 직권자를 그저 드물게만 비판했습니다. 가령 제가 비판했던 것은 위세 있는 마인츠 대주교이자 동시에 주권자였고, 독일 신성로마제국의 선제후였으며, 대법관이기도 했던 알브레히트 폰 브란덴부르크입니다. 반면 저의 제후인 현자賢者 베티너 프리드리히와는 관계가 너무나 돈독했습니다. 그는 저를 계속 보호했고, 개혁적 가르침을 — 비록 늦게나마, 다시 말해 죽음을 앞두고 — 고백했습니다. 그를 비판하는 것은 제가 원하지 않았고, 필요하지도 않았습니다.

하지만 복음의 자유를 개인만 아니라, 사람들이 살아가는 공동체와 연결 지어야 한다는 당신의 지적은 옳습니다. 이제 이에 대해, 곧 예수 공동체와 교회 공동체에 대해 이야기를 해 봅시다.

그런데 여기서 단어를 이해하는 데 어려움이 생깁니다. '교회'라는 단어는 아주 불분명합니다. 한편으로는 무리를, 다른 한편으로는 건물을 지칭하기 때문입니다. 게다가 대개는 후자의 의미로 이해합니다. 신약성경에서 사용되는 교회라는 개념은 돌로 지은 집을 가리키지 않습니다.

『대교리문답』에서 저는 이 문제에 집중했고, '에클레시아' *ecclesia*란 단어는 축성된 건물이 아니라, 그곳에 모여든 무리로 이해할 수 있다고 밝혔습니다. 우리는 그런 특별한 공간에 모였을 때 그 무리에 따라 그 집에 이름을 붙이기 때문입니다. '교회'라는 단어는 다른 것이 아니라 원래는 '모임'을 뜻합니다. 그래서 저는 교회 대신 그리스도인들의 모임이나 공동체에 대해 말해야 한다고 생각합니다. 그리스도인들의 거룩한 공동체, 이것이 최선이고 또 가장 명확할 것입니다.

저는 그리스도의 백성, 거룩한 백성이 있다고 믿습니다. 이 백성은 거룩하다고 불릴 것입니다. 하느님의 이름으로 모였으며, 하느님에 의해 거룩하지 되기 때문입니다. 자신의 행위를 통해 스스로 거룩해지는 것이 아닙니다.

그리스도의 이 백성, 거룩한 백성을 우리는 먼저 예루살렘 공동체에서 확인합니다. 오순절이 되자 사도들, 제자들, 하느님의 어머니, 그리고 다른 많은 이들이 한데 모였습니다. 그때 성령께서 복음을 전하기 위해 파견될 새로운 공동체로 그들을 묶으셨습니다.

하지만 사도들은 이미 오래전에 세상을 떠났습니다. 교회는 사도 시대 초기에 의미했던 그리스도의 백성, 거룩한 백성이라는 범위를 넘어섭니다. 교회는 모든 시대에 걸친 그리스도의 백성, 거룩한 백성을 의미합니다. 교회는 그리스도께서 머물러 계시며, 활동하시고, 다스리시는 땅 위의 모든 곳을 의미합니다. 그리고 바로 이것이 성령의 활동이며, 저의 교리문답에서도 그렇게 설명했습니다. "그분은 이 세상에 특별한 공동체를 가지고 계신데, 이 공동체는 모든 그리스도인을 낳아 하느님의 말씀으로 품어 주는 어머니입니다. 성령께서 계시하고 행하시는 것이 이것이며, 그분은 그들이 이를 받아들여 이에 의지하고 이에 머물도록 마음을 밝히고 타오르게 하십니다." 하느님의 말씀을 품고 공경하며 선포하는 것이 바로 이 거룩한 백성의 표지입니다.

그렇지만 성령으로 하나 되고 하느님 말씀으로 강해지며 감화받은 백성에 대해 말할 때, 이것은 교회의 머리인 교황에 대해 고려했다는 의미가 아닙니다. 교황은 백성이 아니며, 어떤 거룩한 존재거나 그리스도적인 존재는 더욱 아닙니다. 또한 추기경, 대주교, 주교, 의전 사제, 주임 사제, 수도자도 백성이 아니고, 거룩한 존재라거나 그리스도적인 존재가 아니며, 오히려 어떤 악한 것, 수치스러운 것의 표상입니다. 오직 그리스도를 바르게 믿고 성령으로 충만한 사람만이 진실로 그리스도인입니다.

그래서 저는 이렇게 말합니다. 우리 시대에는 진정한 교회와 거짓된 교회가 있습니다. 거짓된 교회는 죄의 용서를 개인의 공로로 돌리고, 그리스도와 하느님의 말씀을 유효하지 않게 하며, 다르게 생각하고 다르게 믿는 이들을 박해하는 교회입니다. 반대로 진정한 교회는 인간의 공로가 없는 죄의 용서를 가르치고, 굳건한 믿음을 가르치며, 삶의 십자가를 인내하며 걸어지도록 가르칩니다. 거짓된 교회는 호화롭고, 영예로 가득 찼으며, 하느님이 떠나가신 도시 소돔처럼 아름답고 거대한 모습입니다. 그와 반대로 진정한 교회는 아주 작으며 모습은 볼품없으나 하느님이 선택하셨고, 사도들이 쓴 것처럼 약함 속에서 강함과 힘이 있습니다. "하느님께서는 강한 것을 부끄럽게 하시려고 세상의 약한 것을 택하셨습니다"(1코린 1,27).

그런데 진정한 교회를 여느 약함과 구별하는 본질적 기준은 하느님의 말씀입니다. "당신이 말씀하고 계시는 곳에서, 하느님은 살고 계십니다." 달리 말할 수도 있습니다. "그리스도의 백성, 거룩한 백성이 하느님께서 말씀하시도록 하고, 또 그분의 말씀을 받아들이는 곳에서 그분은 현존하시고, 그곳을 당신 집으로 삼으십니다." 말씀과 세례가 진정한 교회를 구성할 뿐이며, 다른 것은 필요하지 않습니다. 교회는 오직 복음 속에 있는 하느님 말씀을 통해 생성되고, 형성되며, 성장하고, 강해지고, 무장됩니다. 교회는 오직 하느님 말씀 안에서 존재합니다. 따라서 복음이 교회 위에 있고, 교회는 복음을 소유하거나 지배하는 것이 아니라, 복음의 봉사자이며 선포자입니다. 이처럼 교회가 아래에 있기 때문에 구원에 결정적인 것은 아니지만, 인간과 복음을 연결하기 위해서는 필요한 것입니다. 그러니 "교회 밖에는 구원이 없다"가 아니라, "교회의 선포 밖에서는 구원을 찾을 수 없다"입니다. 교회는 그리스도를 믿는 이들의 무리입니다. 만약 그들이 그리스도를 믿고 가르친다면, 분명 그들은 그리스도를 곁에 두고 있습니다.

그리스도는 자유를 가져오십니다. 이 그리스도를 믿는 이들의 무리, 곧 교회라 불리는 이 무리는 자유의 공동체여야 합니다. 사랑하는 형제 프란치스코여, 지난 편지에서 당신은 그리스도의 율법을 사랑과 기쁨, 평화 등으로 설명했습니다. 그렇다면 저는 하느님 백성의 자유, 그리스도인의 자유가 누구도 원망하지 않는 것, 분노와 증오, 시기와 앙심을 우리 이웃에게 품지 않는 것을 의미한다고 말하겠습니다. 오히려 우리는 기꺼이 용서하고 빌려주며 도와주고 권고해야 합니다. 그리고 그때는 우리가 이것을 부드럽고 친절한 태도로, 지나치게 나서지는 않으면서, 함께 나누려는 태도로 해야 합니다.

이 모든 것이 진정한 교회의 진정한 자유이며 하느님의 말씀을 듣고 따르는 그리스도의 백성, 거룩한 백성 안에 있는 그리스도인의 자유입니다. 하느님 백성의 자유를 위해 저는 일생 동안 맞서 싸웠습니다. 사랑하는 형제 프란치스코여, 당신도 같은 식으로 이를 행하며, 당신 로마 교회의 해방자가 되십시오!

이것이 제 희망이요 열망입니다.

당신의 형제 마르틴이
비텐베르크에서

사랑하는 형제 마르틴에게,

이미 저는 교회 개혁에 전력하고 있고, 하느님의 자비에 대한 복음을 새로 경청하고 이해하며 실천하는 작업에 착수했습니다. 이를 저는, 만약 당신이 저의 자리에 있다면 했을 법한 것과는 다른 식으로 하고 있습니다. 또한 저의 선임자들은 이를 — 온갖 통탄할 잘못을 저지르며 — 각각의 시대에 따른 방식으로 시도했습니다. 당신은 교황과 관련된 것이나 교회의 직무자라는 파렴치한 백성에 대해 적대적 발언을 했는데, 때로는 거기에 사랑이 없는 것처럼 들립니다. 적지 않은 것들이 타당한 발언이고, 거룩하지 못한 상태나 행위에 대한 명확한 비판이기는 하지만, 우리의 생각과 말과 행동에는 그리스도의 사랑이 각인되어 있어야 합니다. 이는 그저 부차적 의견이자 형제로서의 당부입니다.

그럼에도 이 문제와 관련하여 저는 많은 부분 당신에게 동의합니다. 교회라는 단어에 두 가지 의미가 필요한지 아닌지는 일단 나중 문제입니다. 중요한 것은 의미가 있는 것이고, 그것을 다르게, 아마도 더 잘 표현할 수 있다는 것입니다.

제2차 바티칸 공의회가 교회 헌장을 통해 그런 일을 했습니다. 이 중요한 결의가 내려지기까지 긴 과정이 있었다고 들었는데 당시 저는, 그러니까 1961년부터 1965년 사이 저는 당연히 그

자리에 없었습니다. 로마 교황청은 아주 관례적인 초안을 제시했습니다. 그 초안에는 교황에서 시작하여 주교와 사제를 지나, 끝에서야 신자에 이르는 교회의 위계가 나열되어 있었습니다. 하지만 그 초안은 거센 저항에 부딪혔습니다. 사람들은 토론하여 새로운 초안을 작성했고 결국 타협을 이루었습니다. 로마 교황청의 제안은 새로 작성한 문서의 세 번째 장章에 들어갔는데, 그 뒤에 평신도에 대한 장이 따랐습니다. 그리고 여기서 새로운 사고가 처음 언급된 것인데, 성서학자인 당신도 알겠지만 '평신도'라는 단어는 그리스어 '라오스'laos에서 나왔기 때문입니다. 이는 '백성', '백성에 속한 이들'이란 의미입니다. 이전 공의회에서는 한 번도 평신도에 대한 결의가 없었습니다. 이제는 교회 문서에 평신도에 대한 장이 있고, 게다가 「평신도 사도직에 관한 교령」도 따로 나왔습니다. 이 주제에 대해서는 뒤에 다루어야 하겠습니다.

교회 문서에는 — 여기서는 이것이 더 중요한데 — 당신이 혐오하는 전통적 신학에 따른 교회의 위계에 대한 장에 앞서, 새로운 장이 먼저 놓여 있습니다. 이는 제목이나 내용 측면에서 적절한 배열입니다. 그 장에는 곧 '하느님의 백성'에 대해 쓰여 있는데 다음과 같은 표현으로 시작됩니다. "그러나 하느님께서는 사람들을 서로 아무런 연결도 없이 개별적으로 거룩하게 하시거나 구원하시려 하지 않으시고, 오직 사람들이 백성을 이루어 진리 안에서 당신을 알고 당신을 거룩히 섬기도록 하셨다"(「인류의 빛」9항).

이스라엘 백성이 그 본보기입니다. 하느님의 그 백성은, 유다인과 이방인으로 갈라져 있다가 그리스도를 통해 한 백성이 되었습니다. 공의회는 서로 함께 길을 걷는 하느님의 백성을 "작은 무리지만 온 인류를 위하여 일치와 희망과 구원의 가장 튼튼한 싹"(「인류의 빛」9항)으로 여깁니다. 주님이신 그리스도는 "새 백성이 하느님을 섬기는 사제들이 되게 하셨습니다"(「인류의 빛」10항). 세례 받은 이들은 세례를 통한 새로 남과 성령의 활동을 통해 베드로의 말처럼 거룩한 집, 거룩한 사제직이 됩니다(1베드 2,4-10 참조). 보편 사제직, 곧 믿는 이들의 공동 사제직에 대한 진술은 신약성경뿐 아니라, 사랑하는 형제 마르틴이여, 교회에 대한 당신의 표상과도 일치한다고 저는 믿습니다.

더불어 공의회는 보편 사제직과 함께, 교회 안에서 특별한 소임을 가진 사제직을 열거하며, 두 사제직을 모두의 안녕을 위해 서로 분류하여 놓습니다. 하느님의 백성에는 여러 봉사 직무가 마련되어 있는데, 교회의 이러한 직무자들은 형제자매들에게 봉사하는 사람들이고, 이를 공의회는 명확히 하고 있습니다. 이렇게 본다면 직무자들은 교회 위가 아니라 교회 아래에서 봉사자로 있는 것입니다. 그들은 예수님이 몸소 보여 주신 것처럼 하느님 백성의 발을 씻어 주는 봉사자입니다. 이런 생각에 당신도 분명

동의할 것입니다.

그러므로 공의회가 이끌어 낸 중심 사상인 하느님의 백성을 통해 우리는 오늘날 교회의 판단과 고지告知와 행위를 결정해야 합니다. 공의회 이후 로마 가톨릭이 이 훌륭한 노선을 항상 따르지는 않았음을 저는 압니다. 뒤로 가려는, 버티고 있으려는 세력이 때로 너무 득세했고 많은 영향을 미쳤습니다.

교황 선거 직전, 저는 콘클라베에 모인 추기경들 앞에서 이를 더 명확히 밝혔습니다. "그리스도를 통해 우리에게 위임된 복음화에는 전제 조건이 있습니다. 교회가 자신을 떨치고 나와 변두리로 가기 위해 용기 있게 제 목소리를 내는 것입니다. 이것을 행하지 못하는 교회는 제자리서 맴돌 뿐입니다. 시간이 흐르며 교회 기관에서 자라난 여러 악은 자신만 바라보고 있는 태도에 뿌리를 두고 있습니다. 이런 교회는 서로 영광을 주고받기 위해 존속합니다. 하지만 저는 교회가 자신으로부터 벗어나서 하느님의 말씀을 경건하게 경청하고 충실하게 선포하기를 요구합니다."

사랑하는 형제 마르틴이여, 오늘날 로마 가톨릭 교회는 당신이 당신 시대에 경험했던 교회, 고통으로 체험했던 교회와는 달라진 지 오래되었습니다. 우리가 목적지에 도달한 것은 결코 아닙니다. 하지만 우리는 — 특히 지난 공의회를 통해 — 큰 걸음을 내디뎠습니다. 마찬가지로 개혁을 거친 당신의 교회도 오래 전부터 더 이상 당신 시대의 모습을 보여 주고 있지 않습니다. 또한 당신과 저의 교회뿐 아니라 동방의 다양한 교회에도 그리스도인들이 있고, 복음과 연결되어 있는 새로운 교회나 집단이 전 세계 곳곳에 있습니다.

　복음은 우리에게 요구하고 있습니다. 우리는 길 위에 있는 하느님의 백성으로, 이 길에서 서로서로 조언하고 보호해야 합니다. 우리 모두에게 적용되는 일입니다. 누구도 혼자서는 믿음에 이르지 못하며, 언제나 다른 이들을 통해서 예수님의 메시지에 닿습니다. 누구도 혼자서는 사랑에 이르지 못하며 언제나 다른 이들을 통해서, 모범과 기준이 되는 이들을 통해서 이룹니다. 누구도 혼자서는 희망에 이르지 못하며 언제나 다른 이들을 통해서, 전망을 제시하고 삶과 죽음을 넘어서는 관점을 보여 주는 이들을 통해서 이룹니다.

　사랑하는 형제 마르틴이여, 그러니 우리가 하느님의 한 백성으로서 함께 길을 나섭시다. 우리 사이에는 차이점이 아직 많이 있지만, 그중에서 몇 가지는 중요하지 않은 것이고, 몇 가지는 이렇게도 저렇게도 볼 수 있는 것이며, 또 몇 가지는 한탄할 만한 것입니다. 그럼에도 우리는 공통된 것을 분열된 것보다 더 높게 평가해야 합니다. 한 분이신 하느님과 하나의 믿음, 한 분이신 그리스도와 하나의 희망, 하나의 세례와 하나의 백성, 이웃에게 봉사하는 하나의 사랑이 우리의 공통점입니다.

저는 바로 이 공통점을 말하고 있으며, 이를 위해 일하고 있습니다.

당신의 동제 프란치스코가

로마에서

지배가 아닌 봉사

사랑하는 형제 프란치스코에게,

당신은 지난 편지에서 '이웃에게 봉사한다'라는 말로 끝을 맺었습니다. 사실 이는 모든 그리스도인에게 가장 우선하는 임무입니다. 우리는 그리스도로부터 그분의 말씀과 모범을 위임받아, 이웃을 섬기고, 가능한 한 모든 방식으로 곁에 있어 주며, 고통을 덜어 줘야 합니다. 세상을 떠나시기 전에 예수님은 유언을 남기듯이 제자들의 발을 씻어 주셨는데, 이런 행위가 우리 임무를 보여 줍니다. 예수님은 당신 행위를 요한 복음서에서 설명하십니다. "주요 또 선생인 내가 여러분의 발을 씻었다면 여러분도 마땅히 서로 발을 씻어 주어야 합니다. 내가 여러분에게 본을 보여 준 것은 내가 여러분에게 행한 대로 여러분도 그렇게 행하도록 하려는 것입니다"(요한 13,14-15). 얼마 지나 우리 주님은 제자들에게 다시 말씀하십니다. "나는 여러분에게 새 계명을 줍니다. 서로 사랑하시오. 내가 여러분을 사랑한 것처럼 여러분도 서로 사랑하시오. 여러분이 서로 사랑을 나누면 모든 사람이 그것을 보고 여러분이 내 제자들이라는 것을 알게 될 것입니다"(요한 13,34-35).

봉사(섬김)를 한다는 것, 봉사자(섬기는 이)로 있는다는 것이 예수님에게는 삶의 태도였으며, 그분은 죽음에 이를 때까지 이를 유지하셨습니다. 그분은 모든 이들에게 사랑으로 봉사하셨습니다. 그리고 그분을 고백하는 사람이라면 누구나 같은 식으로 모든 사람에게 봉사해야 합니다. 이것이 우리 임무인데, 쉽지 않은 일입니다. 왜냐하면 봉사(Dienst)라는 말은 겸손(Demut)이란 말과 연관이 있기 때문입니다. 저는 성경을 번역할 때 겸손이란 개념을 하느님에 대한 인간의 관계를 표현하기 위해 자주 사용했습니다. 인간은 종(섬기는 이)처럼 주님이신 하느님 아래에 있어야 합니다. 우리 시대에는 겸손(Demut)이란 말의 뒷부분인 용기(Mut)란 말에 당신 시대와는 달리 '용감하다', '대담하다'라는 뜻이 아직 없었습니다. 우리에게 이 개념은 강한 노력과 열망의 자세를 뜻했습니다. 요컨대 저에게 용기란 말은, 그리스도께서 모든 힘을, 온 의지와 지력을 다해 이 세상의 유일하신 주님 아래에 있으면서 그분을 섬기신다는 의미입니다. 하느님에 대한 믿음으로 그분은 하느님의 종이 되셨고, 그리고 이것은 우리가 모든 사람의 종이 되는 것을 통해 이 세상에서 일어납니다. 앞서 제가 한 말을 상기하겠습니다. "그리스도인은 모든 것을 섬기는 종이며 모든 이에게 종속되어 있습니다."

봉사와 겸손의 자세는 하느님에 대한, 주님에 대한 믿음에서 일어납니다. 그분이 — 오직 그분만이 — 주인이요 지배자, 왕이요 군주로 여겨지며, 신자들은 오직 그분에게만 양심의 책임을 지고 있습니다. 물론 정의와 평화를 유지하는 데 필요한 세속적 직권이라는 것도 있습니다. 하지만 이러한 직권은 위대하신 하느님 아래에 있으며, 직권을 행사하는 사람들의 행위는 그분을 마주했을 때, 작은 농부와 똑같이 책임을 지게 되어 있습니다.

그렇지만 우리가 사는 세상은 실제로 어떤 모습입니까? 예수님이 더없이 분명히 말씀해 놓으신 바를 저는 인정할 수밖에 없습니다. 유감스럽게도 그것이 우리 시대의 한 특징이 되었기 때문입니다. "여러분도 알다시피 백성들의 통치자들은 엄하게 지배하고 높은 사람들은 백성들을 억압합니다. 그러나 여러분 사이에서는 그럴 수 없습니다. 오히려 여러분 가운데서 크게 되고자 하는 사람은 여러분의 봉사자가 되어야 합니다. 그리고 여러분 가운데서 첫째가 되고자 하는 사람은 여러분의 종이 되어야 합니다. 이와 같이 사람의 아들도 봉사를 받으러 온 것이 아니라, 오히려 봉사하러 왔습니다"(마태 20,25-28).

이제 우리 세상은 이런 얼굴을 하고 있습니다. 무의미한 전쟁, 불화, 기근, 학살, 폭동, 살인, 곤궁이 도든 나라와 도시와 마을에 넘쳐나고, 끝도 없이 세상에 드러납니다. 잔학하고, 아무리 피를 보아도 성에 차지 않으며, 자신의 삶에서 그리스도를 별로 찾지 않는 악한 직권자가 세상에 있습니다. 그러나 그들을 저는 가르칠 수 없고 가르치게 되지도 않을 것입니다. 세속과 정치, 외교와 음모에 저는 관여하지 않습니다. 저는 하느님의 말씀을 널리 전하는 설교자일 뿐, 그 밖의 다른 무엇을 추구하는 사람이 아닙니다. 세상을 지배하는 자의 폭압은 저와는 별개의 것입니다.

하지만 그러한 무도함이 교회를 지버하는 자들과도 관계가 있다는 사실에 저는 경악했고, 거기서 저는 의문에 빠졌습니다. 교회에서 마주치는 현실에 저는 분노가 입니다. 교회는 정신을 빼앗겼습니다. 강압적 지배 권력의 지령과 명령과 지시로 신자는 노예가 되고 교회는 폐허가 되었습니다. 그로써 교회는 바닥에 떨어졌습니다. 저는 복을 위에 앉아 있는 교회의 지배자들을 봅니다. 저는 그들이 권력과 사치로 군림하고 있는 것을 봅니다. 저는 마치 어린아이처럼 미숙한 교회의 고위 관료들을 봅니다. 하지만 그들은 엄혹하고 잔학한 권력 행사로 자기보다 아래에 있는 이들을 두려움에 떨게 합니다. 그들은 하느님의 말씀을 설교해야 하지만, 자신들의 돈주머니에 관해서만 설교합니다. 그들은 자비로움으로 영혼을 다스려야 하지만, 냉혹함으로 억압하고 있습니다. 그들은 등쳐 먹고 벗겨 먹습니다. 그들은 여기에는 곰을, 저기에는 늑대를 풀어놓습니다. 그들에게서는 정의와 신의, 진실을 찾을 수 없습니다. 세속적이며 정신적인 그들의 통치는 비열한 행위일 뿐이며, 교회를 점점 더 황폐하게 만듭니다.

세속에서나 교회에서나 악한 직권자는 정원 둘레에 높이 자라난 가시덤불과 같습니다. 누군가 정원에서 사과를 거두어들이려 할 때, 찌르고 할큅니다. 이것이 가시덤불의 특성이고 악한 직권자의 방식입니다. 저 역시 여러 번 찔리고 긁혔습니다. 세속적인 고위직들, 누구보다 교황과 추기경, 주교로부터 당했습니다. 그들은 주님의 말씀에 따라 쓸모없는 종, 가장 작은 종이 되어야 했지만 믿음과 하느님의 백성에 대해 마치 주인처럼 굴었습니다.

사랑하는 형제 프란치스코여, 다시 또 거침없이 말하고 말았습니다. 사람들은 '전형적인 루터'의 말이라고 할 것입니다. 하지만 결코 사랑 없이 한 말은 아닙니다. 그리스도의 백성, 거룩한 백성, 하느님의 백성인 교회를 사랑해서 그렇게 말할 수밖에 없습니다. 그리고 로마 교황청의 15가지 질병에 대한 당신의 비판을 다시 살펴본다면 당신은 알게 될 것입니다. 당신도 똑같이 솔직하게 말하고, 똑같이 교회를 향한 사랑에서 그렇게 한다는 것을 말입니다.

이런 솔직함을 가지고 우리 둘은 하느님 백성에게 봉사하며,

분열이 아닌 일치의 길로, 지배가 아닌 봉사의 길로, 권력이 아닌 사랑의 길로, 착취가 아닌 결속의 길로 돌아갈 것을 호소합니다. 만약 우리가, 당신은 르마에서 저는 비텐베르크에서, 교회의 권력 남용과 착취를 마주칠 때마다 맞서 싸운다면, 우리는 이로써 하느님 백성에게 봉사하는 것입니다.

지배가 아니라 봉사가, 지배욕이 아니라 겸손이, 폭력이 아니라 사랑이 하느님 백성에게 중요한 것이어야 하고, 이것을 위해 우리는 하느님이 마련하신 각자의 자리에서 헌신해야 합니다. 사랑하는 형제 프란치스코여, 당신이 가난한 이들을 위해서 겸손하게 봉사하고 있는 모습을 저는 기쁘게 바라봅니다

그렇게 계속하십시오. 용기를 가지고, 또 겸손하십시오.

당신의 형제 마르틴이
비텐베르크에서

사랑하는 형제 마르틴에게,

저의 노골적인 발언과 표현을 알아차리셨습니까! 때로 저는 그런 식으로 거침없이 말하고, 다른 이들에게 상처가 되는 말을 하기도 합니다. 하지만 교회를 사랑하는 마음에서 그랬음을 당신은 정확히 알아보셨습니다. 한번은 이런 일도 있었습니다.

저는 교황 선거가 끝난 지 얼마 지나지 않아 이탈리아 신문 「라 레푸블리카」의 기자 에우제니오 스칼파리와 인터뷰를 했습니다. "실제 문제는 권력을 가진 이들이 일종의 정신장애인 자아도취에 빠져 있다는 것입니다. 교회의 지도자들이 종종 자아도취적이며, 아첨꾼들에 둘러싸여 있고, 간신배의 꼬임에 넘어갑니다. 궁정은 교황직의 나병입니다." 그리고 또 얼마 지나지 않아 성직자라는 지위를 교회에 대해 권력을 행사라는 자리로 이해하는 자들에게 분개했습니다. 예수님이 말씀하신 바에 따라, 그리고 당신이 지난 편지에서 일깨워 준 바에 따라 저는 그러한 태도를 철저히 거부해야 합니다. 그래서 말했습니다. "만약 제 앞에 성직자가 있다면, 저는 곧장 반反성직자가 될 것입니다. 성직주의는 그리스도교와 원래는 아무런 관련이 없어야 합니다."

저에게서 무언가를 읽게 되면 사람들은, 물론 또 '전형적인 프란치스코'라고 말할 것입니다. 사랑하는 형제 마르틴이여, 거침없는 발언에서 우리는 서로 비슷합니다. 우리는 교회 안에 있는 권력욕을 알아채고 비판으로 맞서 싸우니, 말하자면 정신적인 친척과 같습니다.

이제 당신이 고른 다른 주제인 '지배가 아닌 봉사'에 대해 이야기합시다. 저는 알고 있습니다. 교회에서는 수 세기에 걸쳐 위계적 사고가 자라났는데, 이것은 예수님의 말씀이나 첫 공동체의 모범과 아무런 관계가 없습니다. 또한 알고 있습니다. 1983년에 만들어진 『교회법전』은 도를 넘어섰습니다. 거기서는 교황청의 몇몇 고위직이 자비의 복음보다 더 중요하게 되어 있습니다. 『교회법전』에는 하느님 백성에 관한 언급이 있기는 하지만 아주 짧을 뿐인 데다가, 곧장 성직자와 평신도를 구별해 놓았습니다. 그리고 이어서 교회의 위계 구조에 대한, 또 교황과 교황청, 교황 사절, 주교와 관구장 주교, 교구청과 총대리, 본당 사목구 주임, 감목 대리, 본당 주임 사제, 수석 사제에 대한, 다시 말해 수많은 지위와 권한에 대한 진술이 나옵니다. 하지만 유감스럽게도 거기서 복음과 자비와 섬김에 대한 내용은 찾을 수 없습니다.

교회의 권력과 종속 구조, 억압과 그로 인한 불안, 위계 구조와 출세주의, 그럴싸한 호칭과 다채로운 의복, 훈장과 표창장, 이모든 것에 저는 경악했습니다. 그럼에도 저는 늘 자문합니다. 가난한 이들을 위하셨던 예수님은 어디에 계실까? 그리스도인이 위임받은 가난한 이들을 위한 봉사는 어디에 있을까? 그리스도인의 독립적인 존엄, 위계 구조로는 대신할 수 없는 존엄은 어디에 있을까? 사랑하는 형제 마르틴이여, 당신이 말하는 것과 같은 그리스도인의 자유는 어디에 있겠습니까?

우리는 사람들을 위해 존재하는 봉사의 교회로 돌아가야 합니다. 교회를 위해 사람들이 존재해야 하는 교회로 돌아가서는 안 됩니다. 우리는 겸손의 교회로 돌아가야 합니다. 당신의 말처럼, 겸손에는 아무리 어려운 조건 속에서도 봉사를 행하는 용기가 있어야 합니다. 우리는 권력들의 교회에서 힘없는 이들, 작은 이들, 변두리에 있는 이들의 교회로 돌아가야 합니다. 우리 사회에서 소외된 이들, 곤경에 처한 이들, 핍박받는 이들, 곁에 아무도 없는 이들을 향해 교회는 가야만 합니다.

저는 이 길로 가려고 아르헨티나 주교만 아니라, 교황으로서도 늘 새롭게 노력하고 있습니다. 저는 난민들의 섬인 람페두사에 갔었고, 브라질 빈민가를 '떠돌기도' 했으며, 성목요일 미사를 화려하고 권위 있는 성 베드로 대성전이 아닌 교도소에 딸린 경당에서 바쳤습니다. 선택된 성직자들이 아닌, 재소자들의 발을 씻어 주었습니다. 저는 사회에서 소외된 이들에 대한 제 봉사의 표시로서 재소자들의 발을, 또한 여성과 무슬림 재소자의 발도 씻어 주었는데, 이를 비방하는 사람들도 있었습니다.

저의 시대에 큰 존경을 받고 있는 마하트마 간디는 겸손에 대해 이렇게 말했습니다. "겸손은 인간에게 봉사하려 하는 끊임없는 노력입니다." 이런 의미에서 저는 저 자신부터 겸손하려 합니다. 또한 하느님의 백성 안에 있는 제 동료들이 ― 여기 로마 교황청에 있든 세계 어느 곳에 있든 ― 그리스도교의 정신으로 겸손하기를 바랍니다. 바오로는 이렇게 썼습니다. "우리가 여러분의 믿음을 지배하려는 것은 아닙니다. 우리는 여러분이 기쁨을 누리도록 함께 일하는 동료일 따름입니다"(2코린 1,24).

사람들에 대한 교회의 봉사라는 주제에 대해서는 앞서 여러 번 언급한 저의 교황 권고에서 다룬 바 있습니다. 복음은 하느님으로부터 사랑을 받으라는 초대입니다. 그런데 이것은 어떤 근본적 반응을 야기합니다. 믿는 이들이 "다른 이들의 선익을 바라고 찾고 보호하게"(『복음의 기쁨』 178항) 되는 것입니다. 복음과 진정한 형제애 사이에는 끊을 수 없는 관계가 있습니다. 그리고 이것이 믿는 이들에게, 또한 하느님의 백성을 책임지는 이들에게는 자신에게서 벗어나 이웃에게로 가는 것을 의미합니다. 하느님의 선물인 자비에 대한 응답은 이 길 외에 다른 길이 없습니다. 같은 의미에서 저는 계속 썼습니다. "사랑의 봉사는 교회의 사명을 이루는 구성 요소이며 교회의 본질 자체를 드러내는 필수적인 표현이기도 합니다"(『복음의 기쁨』 179항). 교회는 선교적이고 사람을 향하는

데, 여기서 "이웃을 향한 실질적인 사랑, 이해하고 돕고 격려하는 공감이 솟아납니다"(『복음의 기쁨』179항).

사랑하는 형제 마르틴이여, 교회가 하느님 백성으로 존재해야 한다는 것이 우리의 목표임을 당신은 알고 있습니다. 우리의 목표는 다른 이들에 대한 지배가 아니라 기쁨의 봉사여야 하고, 상하 위계가 아니라 형제자매 관계여야 한다는 것에도 우리는 금세 의견의 일치를 볼 것입니다. 저는 알고 있습니다. 당신이 신약성경에 있는 야고보의 편지를 좋아하지 않는 것은 야고보가 믿음이 아니라 행위를 강조했기 때문입니다. 하지만 이 편지, 당신이 말한 '무미건조한 편지'에서 한 구절을 뽑아 여기에 덧붙이겠습니다. 당신의 생각이 달라질 수 있을 것입니다. "말씀을 행하는 사람이 되시오. 말씀을 듣기만 하여 자신을 속이는 사람이 되지 마시오. 하느님 아버지 앞에 깨끗하고 흠 없는 경건심은 고아와 과부들이 괴로움을 당할 때 찾아보는 것입니다"(야고 1,22.27). 이 일을 믿음으로 행하는 것, 이것이 복음의 기쁨입니다. 이 일이야말로 우리가 계속해서 길을 걷는 데 도움을 주는 일이며, 영원한 교회의 임무입니다.

수백 년을 넘어서는 깊은 친교 속에서 이 편지를 씁니다.

당신의 형제 프란치스코가
로마에서

평신도와 봉사직

사랑하는 형제 마르틴에게,

당신의 답을 받기도 전에 두 번째 편지를 보냅니다. 이 편지는 지난 편지와 연결됩니다. 두 편지에 대한 답을 함께 받을 수 있으면 좋겠습니다.

교회가 자신의 핵심적인 직무를, 하느님에 대한 헌신과 이웃을 위한 봉사로 이해한다면, 이것은 교회가 정확히 실행해야 하는 모든 일의 표제처럼 될 것입니다. 제 시대의 한 현명한 성직자는 이렇게 주장했습니다. "만약 봉사하고 있지 않으면, 교회는 아무런 소용이 없습니다." 저는 자비의 해에 대한 글에서 이렇게 설명했습니다. "교회는 복음의 뛰는 심장인 하느님의 자비를 알려야 할 사명이 있습니다. 교회를 통하여 자비가 모든 이의 마음과 정신에 가닿아야 합니다. 교회는 한 사람도 빠짐없이 모든 이에게 다가갑니다. 교회가 스스로 자비를 실천하고 증언하는 것이 교회와 그 메시지의 신뢰도에 가장 큰 영향을 미칩니다. 교회는 용서와 헌신으로 이끄는 그리스도의 사랑의 봉사자요 전달자가 됩니다"(「자비의 얼굴」12항).

사랑하는 마르틴이여, 교회의 모든 무자비한 행태와 당시에 당신이 경험했던 일들에 대해 유감스럽게 생각합니다. 제가 유죄 판결을 내린 것은 아니지만 ─ 제가 누구라고 누군가를 단죄할 수 있겠습니까 ─ 저는 사람들을 통합하고, 사람들을 초대하며, 사람들을 그리스도와 함께하는 공동체로 인도하려 애씁니다. 이것이 저의 소임이며, 저는 이 일을 저의 큰 직무와 함께 넘겨받았습니다. 모든 사람의 일치를 위한 봉사자가 되는 것입니다. 이에 관해서는 뒤에 더 이야기하겠습니다.

이것이 저의 소임인데 교회의 다른 소임들, 다른 직무들은 어떤 상황에 처해 있을까요? 이 소임자들과 이 직무자들이 속해 있는 하느님의 백성은 어떤 상황에 처해 있을까요? 그리고 이들이 자신의 사명을 따르려 한다면 어디에 온 힘을 기울여야 할까요?

저는 자유의 공동체에 대한 편지에서 백성(*laos*)이란 개념을 이미 언급했습니다. 여기서 평신도라는 개념이 유래했습니다. 오늘날과는 다른 의미로 썼을 것으로 보이는 이 단어는, 교회 안에서 누군가를 절하하는 개념이 아닙니다. 비록 교회의 높은 자리에 있는 자들이 때로 이 단어를 비하 표현으로 쓰기도 하지만 말입니다. "그 사항, 그 영역에 대해 저는 평신도(문외한)입니다"라고 우리는 흔히들 말하지만, 교회 내에서 평신도는 특정 영역에서 전문 지식이 없는 사람을 지칭하는 것도 아닙니다. 중세 이래 교회 안팎에서 이 단어는 '교육을 받지 않은'과 같은 뜻으로 쓰였음을 저는 알고 있습니다. 하지만 저는 묻지 않을 수 없습니다. 그리스도의 백성 중에서 평신도로 살아가며 복음을 받아들이고 따르기 위해 광범위한 교육, 신학적 논제와 금언에 대한 해박한 전문 지식, 지력 같은 것이 필요합니까?

당신도 저처럼 사도 바오로의 말에 동의할 것입니다. "하느님께서는 강한 것을 부끄럽게 하시려고 세상의 약한 것을 택하셨습니다"(1코린 1,27). 중요한 것은 교육이나 지식에 대한 문제가 아닙니다. 교황이나 농부나, 주교나 아이나, 노인이나 젖먹이나, 일단 우리 모두는 다른 것이 아니라 평신도, 곧 하느님의 지체입니다. 고대 밀의 종교가 신비를 전수받은 이들과 전수받지 못한 이들을 나누는 것처럼 우리 교회에 교육받지 못한 이들, 진리를 전해 받지 못한 이들, 수동적인 관중들이 따로 있는 것은 아닙니다. 고대 신비극을 보면 신비를 새로이 전수받은 이들이 성스러운 외투를 걸치는 것처럼 우리 모두는 "그리스도를 새 옷으로 입었"(갈라 3,27)습니다. 우리는 세례를 통해 그리스도라는 옷을 입었으며, 세례를 통해 교회 안에 있는 우리 모두가 어떠한 직무를 맡았든 똑같이 가치 있습니다. 하느님 앞에서, 모두의 아버지 앞에서 우리는 똑같습니다. 우리는 모두 평신도입니다. 교회에서는 이것이 무엇보다 우선입니다.

제2차 바티칸 공의회는 이렇게 표현했습니다. "모든 그리스도인은 세례로 그리스도와 한 몸이 되어 하느님 백성으로 구성되고, 그리스도의 사제직과 예언자직과 왕직에 자기 나름대로 참여하는 자들이 되어, 그리스도교 백성 전체의 사명 가운데에서 자기 몫을 교회와 세상 안에서 실천하는 그리스도인들이다"(「인류의 빛」 31항). 평신도는 자신들의 사명 가운데서 복음 선포에 참여해야 합니다. 그래서 공의회는 더 말합니다. "평신도 사도직은 바로 교회의 구원 사명에 대한 참여이며, 모든 이는 세례와 견진을 통하여 바로 주님께 그 사도직에 임명된다"(「인류의 빛」 33항). 그리고 마침내 공의회는 다음과 같이 확언하는데, 사랑하는 형제 마르틴이여, 저는 이에 책임감을 느낍니다. "따라서 교회 안에서 모든 이가 똑같은 길을 가는 것은 아니지만, 모든 이가 성덕을 닦도록 불리었다. 그리스도의 몸을 이루는 공통된 품위와 활동에서는 모든 신자가 참으로 모두 평등하다"(「인류의 빛」 32항).

우리 모두가 평신도라면, 평신도가 복음을 전하도록 부름을 받았다면, 사도 베드로의 말처럼 모두가 "왕다운 제관들"(1베드 2,9)이라면 교회의 직무자들은, 교회에 있는 갖가지 직무들은 무엇이란 말입니까? 교황과 주교, 사제와 부제는 두엇이란 말입니까? 교회에는 하느님의 백성이 있습니까? 아니면 더 많은 권한을 가진 개인이 있습니까?

저는, 우리 둘 다 높이 평가하는 바오로를 다시 언급하겠습니다. 하나인 몸과 여러 지체의 비유에서 바오로는 모두가 서로 다른 임무를 받았으며, 하느님의 영으로부터 서로 다른 은사를 받았다고 말합니다. 세례를 통해 우리는 하느님 백성의 몸의 지체가 되었습니다. 공의회도 교회에 대한 결의에서 문서 첫 부분에 이를 거론했습니다. 교회에는 서로 다른 직무가 필요하며, 그로써 복음화를 실천할 수 있습니다. 수많은 임무가 수많은 사람에게 저마다 주어졌습니다. 바오로의 시대에도 그랬고, 오늘날도 마찬가지입니다. 하느님의 영은 이런 직무들을 부름 받은 이들에게 특별한 방식으로 맡기십니다. 그리고 이것이 부제와 사제와 주교의 성품성사에서 상징적으로 드러나는 것입니다.

사랑하는 형제 마르틴이여, 당신은 단지 세례와 성찬, 한정된 고해만 교회의 성사로 받아들입니다. 우리 로마 가톨릭 교회에는 더 많은 성사가 있습니다. 중세에는 오늘날 우리가 중시하는 '일곱 성사'보다 더 많은 성사들이 있었습니다. 우리는 축성도 성사로, 하느님의 잠재적인 구원 실현의 표현으로 이해합니다. 성직자가 맡든 평신도가 맡든 교회에서 지도직은, 또한 다른 분야의

지도직도 언제나 봉사직입니다. 그리고 지도직에는 포기할 수 없는 임무, 곧 사람들을 위하고 그들의 구원을 위해야 하는 특정한 임무가 있습니다. 성사와 직무에 대한 이해가 다르더라도 이에 대해서는 우리가 서로 같을 것입니다.

이렇게 본다면 직무자는 하느님 백성의 일부며, 평신도 반대편에 있는 것이 아닙니다. 오히려 우리는 저마다 서로 다른 방식으로 교회의 임무에 참여하고 있습니다. 사랑하는 형제 마르틴이여, 이 점에서 저를 이해할 수 있겠습니까? 당신에게 묻습니다.

당신의 형제 프란치스코가
로마에서

사랑하는 형제 프란치스코에게,

성사와 직무에 대한 우리의 이해는 정말 다릅니다. 우리에게 공통점이 많지만, 여기에 가장 큰 생각의 차이점이 있는 것 같습니다. 성사에 관해서 우리가 반드시 일치를 이루어야 하는지는 사실 잘 모르겠습니다. 당신도 이미 언급했지만, 중세에는 당신 시대보다 성사를 더 넓은 의미로 이해했습니다. 믿음의 원칙이 서로 일치한다면 교회에서는, 그리스도의 거룩한 백성 사이에서는 서로 다른 견해에 의문을 던질 수도 있지 않겠습니까?

당신이 교회 직무를, 무엇보다도 봉사의 직무로 명확히 이해하고 있고, 또한 이런 직무가 자신의 안녕이 아니라 하느님 백성의 안녕을 위해 있어야 한다고 이해하고 있어서 저는 대단히 기쁘고, 또 놀랍습니다. 저의 시대에는 달랐기 때문입니다. 저는 교회를 좋지 않게 인식했습니다. 봉사하는 교회가 아니라, 지배하는 교회로 말입니다. 그리고 그것이 제 날카로운 비판의 출발점이었습니다. 교회의 지배자들은 힘과 돈, 통제와 사적 부귀, 명성과 명예를 추구했습니다. 대사大赦 설교자들이 사람들의 돈을 착취한 이유는 다른 목적이 아니라, 거대한 성 베드로 대성전을 세워 교황의 영예를 높이려는 데 있었습니다. 그 모든 것이 주님 앞에서 몹쓸 짓이었습니다.

그래서 제가 목소리를 높였습니다. 예리코 성벽을 뿔 나팔로 무너뜨린 것처럼(여호 6,1-27 참조), 그렇게 저는 짚과 종이로 된 교회 지배의 벽을 불어 무너뜨리려 했습니다. 그로써 우리가 더 나아지고 하느님의 자애에 다시 다다르려 했습니다.

제가 공격한 첫 번째 벽은 온갖 사치와 허식으로 사람들을 불안과 공포에 몰아넣은 교황과 주교, 사제와 수사의 영적 상태였습니다. 저는 불화나 저 자신의 영예를 위해 그랬던 것이 아닙니다. 오랜 성경 연구 끝에 모든 그리스도인이 진정으로 영적임을 깨달았기 때문입니다. 그리스도인 사이에는 아무런 차이가 없습니다. 세례와 복음과 믿음에 의해 우리 모두는 같은 그리스도인입니다. 그리스도의 영적 백성은 이 세 가지로 만들어집니다. 당신은 코린토 신자들에게 보낸 편지에 있는 몸과 지체의 비유에 주목했고, 당신이 옳습니다. 비록 모든 지체가 서로 다른 임무를 맡고 있더라도, 모두 다 전체의 안녕에 기여하도록 정해져 있고, 모두가 각자의 방식으로 다른 이들에게 봉사해야 합니다.

이런 봉사에는 축성과 도유와 삭발도, 평신도와 구별되는 의복도 필요 없습니다. 그 모든 것들은 그런 식으로 차려입은 자들을 어리석은 얼간이로 만들 뿐입니다. 생각할 수 있는 최고의 축성은 우리가 세례 때 이미 받았기 때문에, 다른 축성은 어떤 새로움을 더하지 못합니다. 당신도 알고 있는 베드로의 말처럼, 우리 모두는 오직 세례를 통해서 사제로 축성되었습니다. "그러나 여러분은 선택된 민족, 왕다운 제관들, 거룩한 겨레, 그분이 차지한 백성이 되었습니다. 그것은 어두움에서 당신의 놀라운 빛으로 여러분을 부르신 분의 업적을 여러분이 선포하게 하려는 것이었습니다"(1베드 2,9). 요한 묵시록 첫 부분은 이렇게 말합니다. "그분은 우리로 하여금 왕국을 이루게 하시고 당신의 아버지 하느님을 섬기는 사제들이 되게 하셨습니다"(묵시 1,6). 그리고 끝부분에서는 부름 받은 이에 대해 더 말합니다. "그들은 하느님과 그리스도의 사제가 되어 천년 동안 그분과 함께 군림할 것이다"(묵시 20,6).

그리스도의 거룩한 백성은 속을 알 수 없는 바리사이, 백성과 괴리된 바리사이가 아니라, 항상 모든 무리, 그리스도의 모든 백성을 의미합니다. 그리스도의 거룩한 백성이란 교회를 지배하는 개인들이 아니라 형제자매의 공동체이며, 혼자서 결정을 내리는 직무자가 아니라, 공동의 믿음을 가진 이들입니다. 당신은 이 모든 것을 그리스도인의 가장 중요한 기도문인 주님의 기도에서 찾아볼 수 있습니다. 저는 주님의 기도를 이렇게 주해했습니다.

"그리스도는 모두가 '나의 아버지'가 아니라, '우리 아버지'로 기도하라고 가르쳐 주셨습니다. 모두가 '나에게 일용할 양식'이 아니라 '우리에게 일용할 양식'으로 기도하라고 하셨습니다." 하느님과 그리스도 앞에서 기도할 때, 우리는 모두 함께 있으며, 이

때 어떤 특별한 역할을 하거나 더 큰 은총을 받는 사람은 아무도 없습니다.

마태오 복음서는 이렇게 말합니다. "당신의 형제가 당신에게 죄를 짓거든 가서 당신과 그만이 마주하여 그를 책망하시오. 그러나 듣지 않거든 당신과 함께 한 사람이나 두 사람을 더 데리고 가시오. 그가 그들의 말도 귀담아 듣지 않거든 교회에 말하시오"(마태 18,15-17). 예수님은 교회의 지체에게 — 별다른 축성 없이 — 다른 사람을 돌볼 것을 명하십니다. 또 다른 예시를 들자면, 첫째로 교황만이 공의회를 소집할 수 있다는 근거가 성경에는 없습니다. 성경 어디에도 교황을 언급한 구절은 없습니다. 교황직은 후대에 만들어진 제도입니다. 둘째로 사도행전을 보면 첫 공의회를 소집한 것은 베드로가 아닙니다. 모든 사도들과 원로들이 함께한 것입니다. 게다가 이 공의회에 따르면 또 이렇습니다. "그 때에 사도들과 원로들은 온 교회와 더불어 뜻을 모았다"(사도 15,22). 그러니 교회의 고락을 결정하는 것은 직무가, 교황이나 사제나 수사가 아닙니다. 온 공동체, 그리스도의 일치된 공동체입니다.

더 있습니다. 니케아 공의회는 로마 주교가 소집하거나 승인한 것이 아니라 콘스탄티누스 1세가 소집한 것이고, 그 후에도 다른 황제들이 공의회를 더 열었습니다. 중세가 되어서야 교황들이 공의회를 소집했지만, 거기에서 나온 결과들을 살펴보면 특별할 게 없습니다.

그리고 다른 많은 이유로도 저는, 교회를 어디로 인도해야 하는가에 대한 결정은 직무를 가진 자들이 내리는 것이 아니라고 생각합니다. 오히려 세계를 통해 그리스도의 백성이 된 모두가 교회가 가야 할 길을 함께 결정해야 하고, 이를 위해 함께 노력해야 합니다. 그러면 추기경이나 고위 성직자나 그 밖의 다른 직무에는 어떤 가치가 있겠습니까? 그것들은 하느님의 백성을 고통에 빠뜨리는 것밖에는 아무 소용이 없습니다.

지금까지 다시 한번 루터식으로, 곧 거침없고 오해의 여지도 없게 이야기했습니다. 당신께 묻고 싶습니다. 로마의 주교로서, 가톨릭에서 말하는 세계 교회의 교황으로서 당신의 직무는 무엇이라고 생각하십니까? 사랑하는 형제 프란치스코여, 당신은 당신의 임무를 어떻게 보고 있습니까? 당신은 — 여느 때처럼 날카롭게 말하자면 — 그리스도인입니까, 그리스도의 적입니까?

저는 당신의 답을 기대하며, 당신이 — 제 시대의 교황들과는 달리 — 제 간원을 진정으로 받아들이기를 희망합니다.

당신의 형제 마르틴이
비텐베르크에서

로마에 있는 교황은?

사랑하는 형제 마르틴에게,

　교황과 관련된 일로 당신이 깊은 상처를 입었음을 알겠습니다. 선임자들의 행동에 대해 제가 할 수 있는 것은 아무것도 없지만, 그들을 미화하거나 판단하지 않는 것 말고는 할 수 있는 게 없지만, 그래도 제 자신이 저지른 일 같아 슬픕니다. 하지만 모두가 자기 시대와 문화의 자녀이기 마련이고, 당시 무슨 일이 있었는지 저는 잘 알지 못합니다. 로마와의 갈등으로, 파문과 국외 추방으로, 여러 분쟁과 논쟁으로 분명 당신은 마음 저 깊은 곳에서 상처를 받았습니다. 또한 복음의 영광과 진실을 마음속 깊이 받아들인 당신이 모든 날조와 부패에 맞서 싸우며, 복음의 빛을 다시 불러오려 해서 아마 상처를 받았을 것입니다. 이것이 맞는다면 저는 교황에 대한 당신의 날카로운 발언을 정리할 수 있고, 이로써 제가 저의 직무에 어떤 자세로 임하고 있으며, 어떻게 직무를 행하려 하는지 살펴볼 수 있습니다.

　호칭부터 시작하겠습니다. 바티칸에는 고대와 중세 군주들의 것을 모방한 궁정 의식이 있으며, 이것은 예수님의 복음과 관계가 없고, 또한 교황에 대한 호칭도 넘치게 있습니다. '교황'(Papst)이란 호칭은 라틴어 '파파'papa에서 왔는데, 아버지란 뜻입니다. 그러니 다시 생각해 봐야 합니다. 예수님은 분명히 밝히셨습니다. "또한 여러분은 땅에서 누구를 여러분의 아버지라고 부르지 마시오. 사실 여러분의 아버지는 오직 한 분, 하늘에 계신 분입니다"(마태 23,9). 그래서 저는, 당신도 그렇게 부르는 것처럼, 형제라 불리는 편이 더 좋습니다. 우리 모두는 예수님의 영 안에서 형제요 자매입니다.

　다른 호칭에 대해서는, 일단 '로마의 주교'는 맞습니다. 하지만 이의가 있는 호칭이 갏습니다. 예를 들어 '예수 그리스도의 대리자'는 제게 과분합니다. '사도들 중 첫째인 베드로의 후계자'에 대해서는, 그분이 첫째였습니까? '이탈리아의 수석 주교'인 것은 맞습니다. '바티칸 시국의 국가원수'라고 하면, 제가 세속 지배자입니까?

　그래서 저는 '형제'라는 호칭이 좋고, 제 임무를 대변하는 다른 두 호칭도 마음에 듭니다. '하느님의 종들의 종'(Servus Servorum Dei)과 '최고의 연결자'(Pontifex Maximus)가 그것입니다. 그 호칭에 저는 익숙합니다. 이 큰 직무를 맡아서 제가 무엇을 하려고 하는지는 이미 다른 편지에 써 놓았습니다. 봉사, 모든 이들의 일치를 위한 봉사자가 되는 것입니다. 그런데 이 일은 서로를 연결하고 모든 분열을 극복하는 다리를 놓음으로써만 실현될 수 있습니다.

　이 일이 가능하려면, 먼저 제가 사람들을 향해 한 걸음 다가가야 합니다. 저는 문 닫힌 화려한 궁전에서 살고 싶지 않습니다. 제 입맛에 맞는 소식만 전달하는 바티칸의 아첨꾼들에 의해 차단되지 않고, 사람들 속에서 살고 싶습니다. 그래서 바티칸 손님의 집에 딸린 방 두 개로 살아가고 있으며, 식사도 혼자 따로 하는 것이 아니라, 바티칸에서 일하고 있는 다른 사람들과 함께 구내식당에서 먹습니다. 이렇게 저도 — 당신도 그랬던 것처럼 — 사람들의 '입을 보며' 그들의 근심과 곤경을 인식하고, 그들과 함께 기뻐하고 함께 슬퍼합니다.

　값비싼 고급 옷이나 온갖 존칭, 큰 차가 아니라, 단순하고 소박한 삶, 그로써 작은 사람들과 연결되어 있는 삶이 제게는 중요합니다. 여기서 저는 제2차 바티칸 공의회 마지막에 40명의 교부가 로마 도미틸라 카타콤바(지하묘지)에서 결의했던 바를 언급하려 합니다. 이것은 카타콤바 조약이라 불리며, 여기에 서명한 사람은 가난한 교회, 섬기는 교회를 위해 헌신할 의무가 있었습니다. 저는 이 카타콤바 조약을 우리 시대로 이어받았고, 교회의 직무자들이 저를 많이 따라와 주기를 희망합니다. 여기 로마에서 또는 당신 나라에서 거대한 저택과 화려한 건물을 사들인 어떤 주교들은 저를 아주 못마땅해합니다. 그래서는 안 됩니다!

사랑하는 형제 마르틴이여, 제가 프란치스코라는 이름을 선택한 것을 기억하면 제 생각을 알 수 있을 것입니다. 콘클라베에서 교황으로 선출되자 저는 감정이 북받쳤습니다. 교황직을 수락하고 준비된 서류에 서명하기 전까지, 교황 이름을 선택하기 전까지 저는 시간이 조금 필요했습니다. 그때 한 동료가 더없이 중요한 것을 일깨워 주었습니다. "호르헤 마리오, 가난한 이들을 생각하게, 가난한 이들을 생각하게." 아마도 그래서 옆에 딸린 다른 방에서 숙고하고 있을 때, 아시시의 프란치스코가 떠올랐을 것입니다. 로욜라의 이냐시오가 세운 예수회의 일원이라 이냐시오가 더 가까웠지만, 저는 프란치스코의 이름을 따르기로 했습니다.

왜 프란치스코인지 궁금하십니까? 한 신문 인터뷰에서 저는 설명했습니다. "그는 동시에 모든 것이기 때문에 위대한 사람 중 한 사람입니다. 그는 행동하는 사람입니다. 그는 수도회를 세우고, 수도 규칙을 만들었습니다. 그는 방랑자요 선교자, 시인이요 예언자이며 신비가입니다. 그는 자연과 동물, 들판의 풀 줄기와 하늘을 나는 새를 사랑합니다. 그렇지만 무엇보다 사람을, 아이와 노인과 여인을 사랑합니다. 그는 제 몫을 생각하지 않고 다른 이들을 돌보는 가난한 교회를 꿈꿨습니다. 그로부터 800년이란 시간이 흘렀습니다. 많은 것이 달라졌지만 선교의 교회, 가난한 교회라는 이상은 그저 유효한 것 그 이상으로 지속되었습니다. 예수님과 그분 제자들이 설교했던 그 교회가 바로 선교의 교회, 가난한 교회입니다." 이러한 교회를 위해 저는 제 직무에서 봉사하려 합니다.

물론 제게는 바오로도 중요했습니다. (우리 둘 다 바오로를 존경하니 여기서 우리는 다시 한번 통하는 것입니다.) 바오로는 우리 종교와 신앙 고백에 초석을 놓았습니다. 바오로 없이는 누구도 의식적인 그리스도인이 될 수 없습니다. 바오로는 복음을 새로운 세계로 옮겨 전했습니다. 유다인만 아니라 지중해 민족들, 나아가 전 세계 민족들에게 적합한 사고방식으로 복음을 옮겨 전했습니다. 바오로가 없었으면 오늘날의 그리스도교도 없을 것이라고 저는 생각합니다. 이러한 이유로 바오로와 그의 신학은 그토록 중요한 것입니다.

당신의 물음으로 돌아가서, 사랑하는 형제 마르틴이여, 물론 저는 제가 그리스도인이도록, 더 나은 그리스도인이 되도록 날마다 새롭게 노력합니다. 믿음을 위해, 그리고 하느님과 그리스도에 대한 믿음과 일치하는 삶을 위해 끊임없이 노력한다는 의미입니다. 제가 죄인이고 오류를 쉬이 범하는 인간임을 저는 알고 있

습니다. 또한 제가 모가 나고 각이 져 있음을 알고 있으며, 때로는
— 우리는 여기서 또 비슷합니다 — 냉정할 수 있음을 잘 압니다.

하지만 어떤 상황에서는 거침없는 말이 필요하기도 합니다. 제가 유럽에서 샤를마뉴 상을 받은 것도, 유럽 의회에서 외교적 미사여구가 아니라 분명한 언어로 가난한 이들과 난민들과 곤경에 처한 이들을 위해 연설했기 때문입니다.

저는 때로 성공하지만, 때로 실패합니다. 우리는 길 위에 있으며, 그리스도인은 저마다 길 위에 있습니다. 사랑하는 형제 마르틴이여, 그러니 우리도 점점 더 우리를 그리스도의 일치로 이끄는 길 위에 있도록 합시다.

당신의 동제 프란치스코가
로마에서

사랑하는 형제 프란치스코에게,

　로마와 교황에 관해 제가 깊은 상처를 입었을 것이라고 생각한다면 당신이 맞습니다. 또한 제 시대의 당신 선임자들이 저지른 일들이 당신의 행동과 다르고, 그들의 사고가 당신의 사고와 다르다고 지적한다면 그것도 맞습니다. 그리고 당신이 그 모든 존칭을 가지고 많은 것을 할 수는 없겠지만 '형제', '하느님의 종들의 종', '다리를 놓는 자'가 되길 원한다면 저와 연결될 것입니다. 프란치스코란 이름을 어떻게 선택하게 되었는지, 그리고 그 선택이 어떻게 당신이 맡게 된 교황직의 청사진이 되었는지 소상히 알려 줘서 고맙습니다. 당신이 바라는 여정은 가난한 교회에서 가난한 이들을 위한 봉사자가 되는 것입니다.
　저 역시 의도적으로 제 이름을 선택했습니다. 당신이 아는지 모르겠습니다. 원래 제 이름은 제 아버지의 이름과 같이 루더였습니다. 1517년 10월 31일, 그러니까 대사에 반대하는 첫 논제들을 공표한 그날, 저는 제 이름을 루터로 바꿨습니다. 그리고 그로써 제가 살아갈 삶과 해 나갈 일을 위해 중요한 언명을 했습니다. '루터'Luther는 자유를 뜻하는 그리스어 '엘레우테리아'*eleutheria*에서 따온 것입니다. 저에게 이 단어는 시간이 흐르며 점점 더 교황, 추기경, 주교, 그리고 모든 교회 직무의 구속에서 벗어나는 자유를 뜻하게 되었습니다. 이 단어는 온 힘을 다해 그리스도 아래에 있기를, 그리스도의 종으로 살아가며 진정으로 자유롭기를 원한다는 뜻이었습니다. 그리고 이것은 저의 표어가 되었습니다

교황과 관련하여 중요한 것이 하나 더 떠올랐습니다. 저는 귀족들에게 보내는 편지에서 무겁고 끔찍한 맹세들을 파기하라고 단호하게 요구했습니다. 그런 맹세들 때문에 주교와 사제와 신앙을 가진 백성은 교황 아래서 강압을 당하고 노예처럼 붙잡히게 됩니다. 안 됩니다. 그리스도인은 교황이 아니라 그리스도 아래에 있어야 합니다. 하지만 로마 교회는 이를 왜곡했습니다. 교황은 더 이상 위에 있지 않습니다. 교황은 모든 이들의 최고 지배자가 아니라, 모든 이들의 가장 낮은 봉사자입니다. 교회의 다른 지배자들도 마찬가지입니다. 사랑하는 형제 프란치스코여, 당신에 대한 저의 첫 번째 바람은 당신의 활동에서 이런 봉사자의 모습을 보여 주는 것이고, 모든 직무자를 모든 이들의 봉사자로 만드는 것입니다.

같은 편지에서 또한 저는 교황이 황제에게, 주교가 왕에게, 교회가 세속의 직권자에게 폭력을 행사해서는 안 된다고 요구했습니다. 사랑하는 형제 프란치스코여, 저의 바람은 당신이 세속의 권력과 영화를 상징하는 모든 표장을 없애는 것이고, 또한 동시에 로마에서나 다른 어떤 곳에서나 교회의 모든 직권자에게서

사치와 권력 행사를 강력하게 잘라 버리는 것입니다. 당신의 교회에서 중요한 것은 돈이나 지배가 아닙니다. 오직 예수 그리스도의 복음, 오직 가난한 이들에 대한 봉사입니다.

제 시대에는 이것을 완전히 다르게 경험했습니다. 교황의 과도하고 교만하며 모독적인 행위를 저는 귀족들에게 보내는 편지에 썼습니다. 악마에게나 나타날 수 있는 이런 행위가 교황을 그리스도의 적으로 선언하는 꼴이라고 암시하려 했습니다. 교황의 세속 권력에 이의를 제기했으며, 오직 복음과 본인이 설교한 바에 따라 행동할 것을 요구했습니다. 교황령은 — 그 영토가 크든 작든 간에 — 전혀 필요하지 않습니다. 사랑하는 형제 프란치스코여, 이것이 당신에 대한 저의 세 번째 바람입니다. 교회의 세속적 지향을 더욱 단호하게 잘라 내고, 영적 교회로 돌아오십시오. 어째서 교회에 교황령이 필요합니까? 교회의 봉사자는 이 세상의 군인이 되어서는 안 되며, 티모테오에게 보낸 둘째 편지에서처럼 "그리스도 예수님의 훌륭한 군인"(2티모 2,3)이 되어야 합니다. 그리스도는 세속적인 통치에 대해 아무것도 관여하지 않으셨습니다.

사랑하는 형제 프란치스코여, 당신은 제 시대의 교황들과는 완전히 다르게 교황직을 수행하고 있습니다. 당신이 500년 전에 그 직무를 맡지 않은 것이 안타깝습니다. 그랬다면 그리스도교는 많은 것을 지켰을 것입니다. 저의 시대에는 로마 교황들의 존재가 달랐습니다. 귀족에게 전하는 편지에서 저는 다음과 같이 썼습니다. "그때는 구입, 대매, 교환, 거래, 소동, 거짓, 위선, 착취, 절도, 사치, 간음, 악행 등 하느님을 업신여기는 온갖 수작들이, 그리스도의 적들에게서도 가능하지 않을 신성모독적인 것들이 지배했습니다. 베네치아와 안트베르펜, 카이로에 있는 거대한 시장도 로마의 이 대목장과 상거래에 비하면 아무것도 아닙니다. 거기서는 악마가 원하는 대로 굴러가고 있습니다."

사랑하는 형제 프란치스코여, 당신은 이해할 수 있겠습니까? 저는 그 모든 것을 참을 수 없었습니다. 특히 저는 그것을 로마에서 두 눈으로 직접 봐야 했습니다. 만약 로마에서 일어난 이 모든 부끄러운 일들이 과거의 것이라면, 이제 남아 있는 것은 무엇입니까? 당신의 교황직은 이제 무엇을 할 수 있겠습니까? 개혁이 이루어진 교회, 그리스도의 뜻에 따라 쇄신된 교회에서 당신은 어떤 식으로 교황일 수 있겠습니까? 교회에서, 게다가 진정한 가톨릭 교회에서, 모두를, 다시 말해 가난한 이들까지 포용할 수 있겠습니까?

두 가지 생각 중에 한 가지는 당신이 이미 계속해서 말했습니다. 당신은 모든 이들의 종, 곧 봉사자가 되기를 원합니다. 이 점에서는 당신에게 더 할 말이 없습니다. 하지만 저는 다른 한 가지에 대해 말하고 싶으며, 당신은 이것을 당신 활동에 각인해야 합니다. 당신은 단지 그리스도의 봉사자, 단지 가난한 이들의 봉사자만 아니라, 모든 이들의 일치를 위한 봉사자도 되어야 합니다. 여기서 제가 말하는 것은 진정으로 모든 그리스도인입니다. 저는 이렇게 썼습니다. "로마가 모든 것을 결정할 수 있는 것은 아닙니다. 그 나라들의 관습과 법률과 풍습을 알고 있는 것은 아니기 때문입니다."

사랑하는 형제 프란치스코여, 로마는, 교황인 당신은 모든 나라의 그리스도인들에게 큰 자유를 인정해 주어야 합니다. 비텐베르크는 로마가 아니며, 예루살렘은 산티아고 데 콤포스텔라가 아닙니다. 하지만 동시에 당신은 예수 그리스도의 복음으로 사람들을 연결해야 합니다. 그래야 우리 그리스도인은 서로 온갖 차이가 있더라도 일치를 이룹니다. 복음의 영 안에서 일치의 봉사자로 있다는 것은 개혁된 가톨릭 신자로 있다는 것을 의미합니다. 이것이 저의 시대에 필요했던 것이며, 당신의 시대에는 더 많이 필요합니다.

마지막으로 저는 당신이 이 일을 잘 해내길 바랍니다. 그리고 당신이 서로 간의 차이는 지키면서 그리스도인의 새로운 일치를 이루는 일에 기여할 수 있기를 바랍니다. 제 시대의 교황들에 대해 예리하게 비판했던 것을 너무 심각하게 받아들이지는 않았으면 좋겠습니다. 사랑하는 형제 프란치스코여, 당신에게 하는 말은 아닙니다.

당신의 형제 마트틴이
비텐베르그에서

형제자매에 관해

사랑하는 형제 마르틴에게,

당신의 발언이 당시 교황들에게만 관련이 있는 것이라서 저를 그리스도의 적으로 생각하지 않는다는 말을 들었을 때, 저는 어느 정도 안도했습니다. 그럼에도 이전 시대의 제 선임자들에게 붙인 '그리스도의 적'이라는 딱지는 너무 지나친 것 같습니다. 그들은 큰 과오를 저질렀고, 복음을 밝히는 자들이 아니었으며, 잘못된 길을 걸었습니다. 이 모든 것들에 저는 동의합니다. 또한 당시 교회의 참을 수 없는 상태에 대한 당신의 분개도 이해합니다. 하지만 판단해서는 안 됩니다. 예수님이 산상설교에서 딱 잘라 말하셨습니다. "남을 심판하지 마시오. 그것은 여러분이 심판받지 않도록 하려는 것입니다"(마태 7,1). 이 또한 복음 말씀입니다, 사랑하는 형제 마르틴이여.

아주 다른 주제에 대해 이야기를 나누어 봅시다. 우리는 형제들에 대해 많은 대화를 주고받았습니다. 그렇다면 자매들은 어디에 있습니까? 우리는 여성의 역할에 대해서도 이야기를 해야 합니다. 저는 교회(ecclesia)가 여성적 개념임을 상기합니다. 교회가 단지 남성 성직자들로만 이루어진 것이 아니라, 세례를 받은 모든 사람이 하느님의 백성이라는 것에 동의한다면, 우리는 남성들만 아니라 여성들에게도 주목해야 합니다.

이로써 우리는 몹시 까다로운 주제를 건드리게 됩니다. 모든 주요 종교들과 동방과 서방의 그리스도교 교회들은 오래전부터 여성들의 역할과 관련해서 문제가 있습니다. 이것은 어머니와 주부 역할에서나 종교 공동체의 책임자 역할에서나 마찬가지입니다. 제 교회에서도 실질적으로 중요한 지위는 남성들만 차지하고 있는 것이 안타까운 현실입니다. 부제, 사제, 주교, 추기경, 그리고 교황이 그렇습니다. 사랑하는 형제 마르틴이여, 개혁 교회에서도 초기에는 아무런 변화가 없었습니다. 실무에서 지도직은 남성들에게만 허용되었습니다. 20세기 들어서야, 그리고 대개는 20세기 말에 가서야 개신교의 주州 교회 차원에서 여성에게도 서품이 허락되었습니다. 오늘날도 몇몇 개신교 공동체나 동방교회에서는 아무 변화가 없습니다. 개혁 교회 초기에 예외가 있었다면 18세기 중반 독일 백작 친첸도르프가 세운 헤른후트 형제 공동체뿐이었습니다. 그곳에는 여성 장로와 부제가 있었습니다.

사랑하는 형제 마르틴이여, 당신을 개혁자라 부르는 교회들 대부분은 여성의 지위를 동등하고 대등하게 생각하여, 그에 맞게 전례도 바꿨습니다. 그들은 여성 목사를 서품했습니다. 그리고 ― 당신이 놀랄 것 같은데 ― 저 또한 교회가 여성들이 오늘날 사회에서 기여한 바를 인정해야 할 뿐 아니라, 하느님의 백성 안에서 함께 일을 하고 함께 결정할 수 있는 더 큰 기회를 여성들에게 부여해야 한다고 생각합니다.

저는 교황 권고에서 이에 대해 분명히 밝혔습니다. "저는 많은 여성들이 사목적 책임을 사제와 나누고 있는 것을 보게 되어 기쁩니다. 여성들은 신학적 성찰에 새로운 기여를 합니다. 그러나 아직도 여성이 교회 안에서 더욱 적극적인 역할을 할 수 있는 기회를 넓혀야 합니다. 교회와 사회 구조 안에서 중요한 결정이 내려지는 여러 다양한 상황에서 여성의 특수한 재능은 사회생활의 모든 영역에서 요구되며, 따라서 여성의 역할도 보장되어야 하기 때문입니다"(『복음의 기쁨』 103항).

더불어 저는 여성들을 거부하지 않고 제자 공동체에 중요한 자리를 마련해 주신 예수님의 행적을 돌아봅니다. 20세기와 21세기에 제기된 문제들에 대해, 여성의 권리가 강조되고 있는 현대의 발전 상황에 대해 그분은 알지 못하셨을 것입니다. 하지만 그분은 당신 삶에서 행동으로 분명히 보여 주셨습니다. 남성과 여성을 함께 부르시며 하느님의 새로운 백성을 모으셨습니다. 그분의 제자 공동체에는 베드로와 안드레아와 요한과 다른 남성들이 있었으며, 마리아 막달레나와 요안나와 수산나와 다른 여성들이 있었습니다. 그분은 남성들과 여성들을 치유해 주셨고, 남성들과 여성들에게 설교하셨습니다. 마리아 베타니아를 떠올려 봅시다. 그녀는 제자가 랍비에게 하는 것처럼 제자로서 그분의 발치에 앉아 말씀을 들었습니다. 예수님은 말씀하셨습니다. "내 아버지의 뜻을 받들어 행하는 그런 사람이 내 형제요 자매입니다" (마태 12,50).

우리는 비슷한 모습을 첫 공동체에서, 특히 지중해 동쪽 지역에 있는 바오로의 공동체에서 발견할 수 있습니다. 거기서는 남성들과 여성들이 세례를 받습니다. 남성들과 여성들이 교회(ecclecia)에 속해 있습니다. 남성들과 여성들이 하느님의 영으로부터 받은 은사에 따라 공동체에서 저마다 적합한 소임을 맡습니다. 바오로의 편지들을 보면, 동료라고 부르며 받아들인 여성들이 많이 언급되어 있습니다.

이와 같은 초기의 관점, 첫 공동체의 관점은 ― 로마제국의 사회구조에 상응하여 ― 달라졌고, 교회에서 여성들의 역할은 뒤로 밀렸습니다. 교회는 가부장적 사고로 돌아갔고, 여성에게서 공적인 자리를 빼앗았습니다. 이미 저는 ― 바오로가 다른 관점에서 행동했던 것처럼, '약한 형제'를 조심스럽고 주의 깊게 대했던 것처럼 — 변화를 실천하고, 여성들의 합법적 권리를 새롭게 강조하며, 또한 교회 실무에서 새롭게 적용하려 합니다.

그렇다고 오해하지는 않기를 바랍니다. 제가 남성들의 역할로 유보되어야 할 사제품에 대해서까지 변화를 생각하고 있는 것은 아닙니다. 그것은 재고의 여지가 없는 문제로, 다른 이들에 대한 사제들의 권력이 아니라, 그들의 봉사에 관한 것이기 때문입니다. 1994년 전전임자인 요한 바오로 2세가 사제품에 관한 교서에서 밝힌 것처럼, 사제직은 가톨릭 교회의 전통에 따라 남성들에게 유보되어 있습니다. 또한 이 전통은 동방교회도 마찬가지입니다. 이 문제에서 저는 다른 것을 생각할 수 없습니다. 하지만 여성의 부제직에 관해서는 아직 결정을 내리지 못했습니다. 부제직은 성품을 받는 성직이기는 하지만, 여기에는 다른 전통이 있으며, 오래전에는 여성 부제가 교회에 있었습니다. 여성들이 갖고 있는 은사가 모든 사람의 안녕을 위해 여기서 사용될 수 있을지 여부는 장차 드러날 것입니다. 많은 사람이 제게서 무엇인가 다른 것을 기대하고 있음을 알고 있지만, 저는 교회의 전통 노선을 따르고 있으며, 거기에 저는 책임이 있습니다. 그리고 저는 — 적어도 당분간은 — 다른 가능성을 알지 못합니다.

사랑하는 형제 마르틴이여, 당신은 이 문제를 어떻게 생각하십니까? 당신 시대에는 이에 관해 아직 논의되지 않았지만, 멀리 내다보는 식견이 있는 당신이라면 여성의 직무에 대해 분명 생각하는 바가 있을 것입니다. 아마 저와 다른 생각이겠지만, 그럼에도 우리는 그리스도와 그분의 복음을 증거로 삼는 자매형제의 큰 공동체 안에서 여전히 형제일 것입니다.

당신에게 제 마음을 전합니다.

당신의 형제 프란치스코가
로마에서

사랑하는 형제 프란치스코에게,

여성들이 서품될 수 있다는 생각을 당시에 저는 전혀 하지 않았습니다. 여성들이 교회의 최고직에 올라간다는 것, 게다가 당신 시대에 그러한 것처럼 주교까지 될 수 있다는 것은 제가 생각지도 못한 일입니다. 분명 그에 대해 깊이 생각해 보지도 않고, 특히 성경에서 근거를 찾아보려 하지도 않고 그냥 불가능한 일이라고 말했을 것입니다. 그렇게는 결코 안 되고, 앞으로도 결코 안 될 일이라고 말했을 것입니다.

저의 시대에는 남성과 여성의 역할이 사회에서 정확히 결정되어 있었으며, 그것은 변하지 않을 것처럼 보였습니다. 여성은 가정에 속해 있었고, 여성의 몫은 집안 살림이었으며, 거기서 여성은 주인이었습니다. 반면에 남성은 공공 생활에 속해 있었고, 그로써 교회에서 지도적 위치에 있었으며, 남성은 거기서 주인이었습니다. 한번은 동료들과의 탁상 담화에서 제가 이렇게 말했습니다. "남자들은 넓은 가슴과 작은 엉덩이가 있으며, 이 때문에 여자들보다 이해력이 더 큽니다. 여자들은 좁은 가슴과 넓은 엉덩이와 볼기가 있으니 가정에 머물러야 하고, 집에 앉아 살림을 해야 하며, 아이를 낳아 길러야 합니다." 이런 것이 제 시대의 사고였고, 당신 시대라면 이를 남성우월주의라고 말할 것입니다.

여성들은 가정 살림을 위해, 남성들은 공공 생활과 전쟁과 법률 행위를 위해 창조되었다는 것이 우리의 통념이었습니다. 우리 시대에는 다른 식으로 생각할 수 없었으며, 저 역시 그랬습니다. 여성의 역할 변화에 대해 고민할 생각조차 못한 것은 사회나 교회나 매한가지였습니다. 주어진 성 역할을 하느님께서 당연히 그렇게 주신 것으로 받아들여서 다시 따져 보거나 바꾸려 하지 않았습니다.

당시에는 정말로 이런 식으로 생각했습니다. "여자들이 가정 살림에 대한 문제를 넘어서서 사회 상황에 대해 이야기를 하는 것은 아무 소용이 없습니다. 그들에게 언어가 그리 모자라지 않는다고 해도, 상황에 대한 올바른 이해는 모자라기 때문입니다. 그럼에도 그들은 입을 엽니다."

게다가 이것은 성경을 바탕으로 한 확고한 사실입니다. "하느님은 남자와 여자를 창조하셨습니다. 여자는 아이들을 낳아 자손을 퍼뜨리기 위해서, 남자는 부양과 방어를 위해서입니다." 다른 곳에서 저는 이렇게 썼습니다. "하느님이 아담을 모든 피조물 위에 앉히셨을 때, 그때는 모든 것이 적절하고 올바르게 있었습니다. 하지만 여자가 나타나서 자신도 끼어들려 했을 때는 모든 것이 떨어져 나가 모세의 첫째 책에 쓰여 있는 것처럼 황량한 혼돈이 되었습니다."

이러한 생각이 당신들 시대에는 불쾌한 것임을 알고 있습니다. 하지만 당신들도 20세기 후반에서야 국가 차원에서 여성이 남성과 동등한 권리를 누리게 되었음을 기억하십시오. 게다가 실질적 평등에는 — 큰 진보에도 불구하고 — 아직 한참 멀었습니다. 그러니 아주 다른 조건과 아주 다른 사회구조에서 살아갈 수밖에 없었던 우리를 질책할 권리가 당신들에게는 없습니다.

우리 시대에 고정된 성 역할로 인해 우위에 선 것은 당연히 남성이었습니다. 여성은 남성에게 순종해야 했습니다. 하지만 상황이 늘 단순한 것은 아니었고, 저 역시 한탄할 때가 있었습니다. "제가 다시 결혼해야 한다면 돌을 깎아 순종하는 여자를 만들고 싶습니다. 여자는 모두 순종적일 것이란 기대가 무너졌습니다."

왜냐하면 제 시대의 여성들은, 또 제 사랑하는 아내 캐테도 결코 말이 없는 것은 아니었습니다. 캐테는 믿음이 깊고 제 마음을 다해 신뢰할 수 있는 진실한 여성입니다. 캐테는 입을 열어 누군가를 설득할 수 있었습니다. 저는 기억합니다. "제 아내는 원할 때마다 저를 설득할 수 있습니다. 요컨대 그녀는 완전한 지배권을 가지고 있었습니다. 기꺼이 저는 집 안에서 모든 지배권을 그녀에게 허락했습니다." 하지만 저는 다른 모든 것에서 자유를 원하고, 또한 강요받지 않기를 원합니다. 여성의 지배는 여태껏 무엇인가 좋은 것을 이뤄 내지 못했다고 저는 믿습니다. 소년 소녀들에 대해서도 비슷하게 생각합니다. 한번은 제가 ― 무례를 인정합니다 ― 이러한 금언을 남겼습니다. "잡초는 빨리 자라니, 여자아이들이 남자아이들보다 빨리 자랍니다." 사람들은 저를 여성혐오자로 욕했습니다. 하지만 그런 것은 아닙니다.

이 모든 것들을 옆으로 제쳐 놓고, 저는 항상 좋은 여성의 가치와 부부의 가치를 강조했습니다. 좋은 아내를 얻어 좋은 부부를 이룬 사람들을 저는 복된 남성으로 생각했습니다. 혼인 관계는 어떤 식으로든 무시해서는 안 됩니다. 오히려 존경하고 존중해야 하는데, 하느님이 만드신 것이고 하느님의 질서이기 때문입니다. 부부는 태초부터 존재했고, 믿음이 없는 이들에게도 존재하기 때문입니다.

물론 이것이 성사는 아닙니다. 성사는 오직 그리스도의 권한이기 때문입니다. 하지만 이것은 하나의 은총입니다. 저는 탁상 담화에서 이렇게 말한 적이 있습니다. "하느님께서 주신 최고의 은총은 부부에게서 끊임없이 피어나는 사랑입니다." 이것을 저는 글로 더 분명히 표현하기도 했습니다. "부부의 삶을 받아들인 사람은 환희와 사랑 그리고 기쁨을 끊임없이 받아들이게 됩니다. 솔로몬이 말한 것과 같습니다. '아내를 얻은 이는 행복을 얻었다'(잠언 18,22)."

저에게 중요한 것은 교회에서 직무를 맡은 여성이 아니라 제

주변에 있는 여성, 제 가정에 있는 여성입니다. 제 생각은 이렇습니다. "여자에게서는 많은 장점을 동시에 찾을 수 있습니다. 주님의 축복, 자손, 사물과의 친교와 같은 것입니다. 이것은 한 남자를 압도할 수 있는 큰 은사입니다.

여자라는 성이 없다고 생각해 보십시오. 가정과 가정 살림에 속해 있는 것이 죄다 허물어질 것이고, 세속적인 통치와 공동체는 무너질 것입니다. 행여 남자들이 자녀를 출산할 수 있다 할지라도 여자들이 없다면 세상은 존재하지 않을 것입니다."

그래도 여성이 사제품을 받고 교회의 지도직에 올라 주교까지 된다는 것이 저로서는 생각할 수 없는 일입니다. 비록 제가 많은 교회 전통을 비판하고 바꿨음에도, 그러한 방향으로 시도하지는 않았습니다. 성 역할을 바꾸는 것, 남성과 여성의 권리와 의무를 동등하게 하는 것을 저는 생각하지 않았습니다.

사랑하는 형제 프란치스코여, 하지만 당신은 다른 시대 다른 조건에서 살고 있습니다. 여기서 변화를 시도한다는 것은 정말로 중요합니다. 모세의 첫 번째 책은 말합니다. "하느님의 모습으로 사람을 창조하시되 남자와 여자로 그들을 창조하셨다"(창세 1,27).

저는 이 주제가 혼란스럽습니다.

당신의 형제 마르틴이
비텐베르크에서

길 위에 있는 백성

사랑하는 형제 마르틴에게,

우리는 직무자와 평신도에 관해 이야기를 나눴고, 여성과 로마 교황에 관해서도 대화를 나눴습니다. 저는 교회에 관해 지금껏 나눈 이야기를 조금 정리하고 싶습니다. 그리고 이미 말한 하느님의 백성이란 개념으로 다시 돌아가고 싶습니다. 교회와 그곳에서 세례를 받은 모든 이들이, 서로 함께 길을 걷고 있는 하느님의 백성입니다.

그런데 이것은 무엇을 뜻합니까? 제 시대의 작가 브루스 마셜은 한 책에서 이렇게 설명했습니다. "포도주를 위해 병이 필요한 것처럼, 신앙을 위해 교회가 필요합니다. 사람들은 병도 함께 마셔야 한다는 망상 속에서 그릇된 삶을 살고 있습니다. 정신을 붙들기 위해서는 형태가, 형태를 채우기 위해서는 정신이 있어야 함을 사람들은 이해하지 못합니다. 하나가 없으면 다른 하나도

쓸모없습니다." 사랑하는 형제 마르틴이여, 그러면 '병'인 교회는 어떠한 모습으로 보여야 합니까?

마셜에 따르면 병인 교회는 그 안에 정신을 간수하기 위해, 곧 형제자매의 정신과 연대의 정신, 사랑의 정신을 간수하기 위해 필요합니다. 교회가 자신을, 모든 구조와 조직을 지나치게 중요하게 여겨서는 안 됩니다. 그 모든 것들은 깨지기 쉬운 유리이며 단지 형상을 유지하는 데 목적이 있습니다. 오히려 교회는 정신을, 복음을 중요하게 받아들여야 합니다. 세례 받은 이들에게 복음의 의미를 가르쳐 주는 일에 당신은 지쳐서는 안 됩니다. 시대가 변하고 사람이 변하면 교회도 달라질 수 있고, 또 달라져야 합니다. 교회는 길 위에 있는 교회이며, 언제나 길 위에 있을 교회입니다. 교회는 갈 길이 멀며, 더구나 교회가 하느님의 나라인 것도 아닙니다. 교회가 잘못된 길을 간다면, 사람들은 이를 비판해도 되고 비판해야 합니다. 세례를 받은 이라면 누구나 사실을 솔직히 말할 권리뿐 아니라 나아가 때로는 의무가 있고, 마지막 공의회도 이를 명시했습니다.

2013년 브라질 리우데자네이루에서 열린 세계청년대회에서 저는 새로운 시작을 알렸습니다. 길 위에 있는 백성의 말에 다시 귀를 기울이는 교회에 대한 희망을 드러냈습니다. 저는 젊은이들에게 "언제나 나아가십시오"(Sempre avant)라고 요구했습니다. 그리고 믿음에 관한 세 마디 짧은 말을 남기며, 그리고 미래를 향해 용기 있게 나아가는 교회를 말하며 연설을 끝마쳤습니다. "봉사를 위해! 두려움 없이! 가십시오!" 바로 이것이 오늘날 모든 그리스도인들이 갈망해야 할 바입니다. 봉사를 행하며, 이로써 우리들 세상에서 복음을 행하십시오! 두려워하지 말고 용기와 인내를, 무엇보다 하느님에 대한 신뢰를 가지십시오! 가십시오. 돌아보지 말고 미래를 보십시오!

복음을 행하는 것, 복음을 늘 가지고 가는 것, 이것이 교회의 임무입니다. 하지만 여기서 교회는, 제가 『복음의 기쁨』에서 자세히 말한 것처럼 "하나의 유기적이고 교계적인 제도 그 이상"을 뜻합니다. 그리고 "하느님을 향해 나아가는 백성"을 말합니다. 교회는 "구체적인 역사 안에서 순례하고 복음을 선포하는 백성으로 존재합니다. 이는 아무리 필요한 것이라도 모든 제도적 표현을 넘어서는 것입니다"(『복음의 기쁨』 111항).

하느님의 구원은 모든 사람을 위한 것입니다. 하지만 누구도 혼자서는, 곧 고립된 개인으로나 자신의 힘만으로 구원받을 수 없습니다. 교회는 하느님의 백성을 의미합니다. 교회는 예수님이 당신 제자들에게 맡겨 놓으신 것처럼 인류 가운데 있는 하느님의 누룩, 세상의 빛과 소금을 의미합니다. 동시에 교회는 이 세상의 다양한 민족, 다양한 문화 속에서 그 모습을 드러냅니다. 그러므로 "교회의 역사 안에서 볼 수 있듯이, 그리스도교는 단순히 하나의 문화적 표현이 아니라"(『복음의 기쁨』 116항), 복음을 만난 여러 문화와 민족의 다양한 모습을 반영합니다. 이것은 교회가 존재하는 첫 번째 원칙을 의미하며, 사람들은 이것을 전통적으로 가톨릭(보편된) 교회라 부릅니다. 여기서 보편이란, 교파안배주의(Konfessionalismus)가 아니라, 모두를 포함하는 공동체를 지향하는 것입니다. 보편성은 "다양한 모습을 한 아름다움"입니다. 제 교회와 당신 교회에서 그리스도인들이 신경을 바칠 때 같은 단어를 서로 다르게 말하는 것이 그래서 안타깝습니다. 우리는 '보편된 교회'라고 말하며, 이로써 모든 것을 포괄하는 교회의 특징을 드러냅니다. 같은 부분에서 당신들은 공(교)회라고 말하며, 교파들을 제한하는 로마 가톨릭의 시도에 이의를 제기합니다. 당신 나라에서 독일어로 신경을 바칠 때 '보편된 교회'나 '공(교)회'라는 논쟁적인 말 대신 '모든 것을 포괄하는 교회'라고 하면 어떻겠습니까? 이것이 해법이 되겠습니까?

교회의 두 번째 원칙은, 또한 신경에서 언급되는 하나의 교회입니다. 이것은 깊은 일치를 의미하며, 이에 관해 우리는 이미 여러 번 이야기했습니다. 하느님과 그리스도에 대한 믿음 안에서의 일치, 복음 말씀에 대한 신뢰 안에서의 일치, 해방을 향한 공동의 희망 안에서의 일치를 우리는 다루었습니다. 하지만 교회의 획일을 뜻하는 것은 결코 아니며, 외적 형식과 구조와 예식의 획일은 더욱더 아닙니다. 사람들의 길은, 또한 그리스도인의 길은 다양합니다. 하지만 그 다양한 길에는 공동의 목적지가 있습니다. 하느님 그분, 하느님 나라입니다.

세 번째 원칙은 사도적 교회입니다. 대로는 이것을 열두 사도와 관련하여 아주 좁게 이해합니다. 하지만 교회의 사도성은 무엇보다 원천에 충실한 것을 말합니다. 우리 믿음의 원래 모습, 예수님, 초기 공동체, 초기 그리스도인, 원천 문헌, 성경에 대한 충실을 뜻합니다. 사랑하는 형제 마르틴이여, 당신도 '사도적'이란 단어를 믿음의 토대에 대한 원칙적인 충실로 이해한다면 아마도 우리는 서로에게서 그리 멀리 떨어져 있지는 않은 듯합니다.

마지막 원칙은 거룩한 교회입니다. 이 개념은 당신 시대 교회의 추잡한 사정을, 그리고 제 시대 교회의 추문을 감안하면 마치 조롱처럼 들리기도 합니다. 하지만 하느님이 그리스도인을 공동체로 불러 모으셨다는 것만으로도 우리는 교회를 거룩한 것으로, 하느님께 속한 것으로 생각해야 합니다. 하지만 교회가 곧 하느님인 것으로 여겨서는 안 됩니다. 더불어 거룩한 교회는 하느님의 백성이 늘 길 위에 있으며 언제든 잘못을 저지를 수 있음을 알고 있습니다. 그래서 용서와 화해와 완성을 향한 희망만으로 걸음을 내딛습니다.

사랑하는 형제 마르틴이여, 어떤 문화에서 어떤 민족으로 살아가든, 하느님께 어떤 은사를 받았든, 교회에서 어떤 위치에 있든 간에 복음 선포는 세례를 받은 모든 이들에게 주어진 임무입니다. 그리고 복음의 증거 안에서 성장하며, 점점 더 하느님의 사랑을 인식하고 전파하는 것이 우리 모두의 임무입니다.

끝으로 저는 당신에게, 어떤 교회 공동체에 살고 있든 자신의 믿음을 어떠한 형태로 표현하든 상관없이, 세례를 받은 모든 이들에게 호소합니다. 우리 함께 갑시다. 하느님께서 돌보시는 미래를 향해 함께 걸음을 내디딥시다! 두려워하지 말고 자비하신 하느님을 신뢰하며 갑시다! 우리 서로에게, 이 세상의 가난한 이들에게 봉사합시다. 그로써 예수님의 복음을 말과 행동으로 증거합시다!

사랑하는 형제 마르틴이여, 당신에게도 말하겠습니다. 봉사를 위해! 두려움 없이! 가십시오!

당신의 형제 프란치스코가
로마에서

사랑하는 형제 프란치스코에게,

당신이 제게 써 보낸 말은 강인한 말이며, 용기와 희망의 말이고, 쇄신과 출발의 말입니다. 봉사를 위해! 두려움 없이! 가십시오! 진정으로 이 세 마디에는 제가 복음에서 이해했던 것들, 교회의 임무에 관한 것들이 담겨 있습니다. 사랑하는 형제 프란치스코여, 이 세 단어를 통해 우리는 아주 밀접하게 연결되어 있습니다. 당신의 격려에 감사합니다. 또 교회는 예나 지금이나 복음에 대한 온갖 날조에 맞서 싸워야 한다는 당신의 설명에도 감사합니다.

또한 제 활동도 적어도 제가 생각하기로는 반란이나 혼란, 분열을 위한 것은 아니었습니다. 오히려 하느님의 말씀이 마땅히 있어야 할 자리에 있도록 하고, 모든 날조와 변조로부터 하느님의 말씀을 벗어나게 하려 했습니다. 이제, 예수 그리스도의 복음은 있는 그대로, 곧 덧붙이는 것도 더 채워 넣는 것도 없이 선포되어야 했습니다. 다름 아닌 이것이 교회의 임무, 하느님과 새롭게 계약을 맺은 백성의 임무라고 저는 생각합니다.

병과 내용물의 비유는 정말로 꼭 맞는 이야기입니다. 교회를 이해하는 데 결정적인 것을 보여 주고 있으니 잘 묵상해 보겠습니다. 때로 그런 언어적 비유는 단순하지만 아주 많은 것을 표현

합니다. 한번은 저도 인간이 만드는 갖가지 근심에 대해 비유를 들어 본 적이 있습니다. "새들이 우리 머리 위로 나는 것을 막을 수는 없습니다. 하지만 우리 머리에 둥지를 트는 것은 막을 수 있습니다."

그리고 병과 내용물의 비유와 관련해서, 그리스도인에 대해 비슷한 비유를 만든 적도 있습니다. "그리스도인은 물이 흐르는 관과 비슷합니다. 하느님은 그를 통해, 곧 당신 도구를 통해 모든 것에 선을 행하시려 하고, 이 관을 통해 끊임없이 당신 활동을 지속하십니다."

교회라는 주제로 다시 돌아갑시다. 저 또한 교회를 어떻게 서술해야 할지, 그러니까 ― 당신의 비유에 따라서 ― 무엇이 병이고 무엇이 포도주인지 생각해 보았습니다. 이에 대해서는 무엇보다 제가 1529년에 펴낸 『독일어 교리문답』에 써 두었는데, 대개는 이 책을 목회자를 위한 『대교리문답』으로 알고 있고, 반면 작은 책은 신자들을 위한 『소교리문답』으로 알고 있습니다. 이 책은 먼저 십계명을 다루고, 신경의 각 문장과 주님의 기도 등을 차례로 다루었습니다. 신경의 세 번째 부분인 "성령과 거룩한 그리스도의 교회를 믿으며"에 대해 저는 아래와 같이 상술했습니다.

"저는 이 땅 위에 거룩한 무리와 거룩한 공동체가 있음을 믿습니다. 성령은 이들을 한 믿음, 한 의미, 한 생각으로 이끌어서

머리이신 그리스도 아래로 모으셨습니다. 거기에는 갖가지 은사가 있으나 소외도 분열도 없이 사랑 안에서 일치를 이룹니다. 저는 이 공동체의 한 부분이고 지체이며, 이 공동체가 가진 모든 선한 것에 함께 참여하는 동무입니다. 성령께서 저를 교회로 보내셨습니다. 그곳에서 저는 하느님의 말씀을 들었고 여전히 듣고 있으면서 교회와 한 몸이 되었습니다. 교회로 들어가려 했을 때, 이를 저는 행해야 했습니다. 성령은 최후의 날까지 그리스도인들 곁에 계실 것입니다. 교회를 통해 성령은 우리를 가까이 데려오시고, 교회를 통해 말씀을 이끌고 움직이십니다. 이를 통해 성령은 거룩함을 일으키고 확장시켜, 우리가 믿음과 그분이 맺으신 열매 안에서 자라나고 강해지게 하십니다." 사랑하는 형제 프란치스코여, 이것이 제가 말하는 교회입니다.

제가 생각하기에 진정한 교회는 이 땅에 있는 모든 그리스도교 신자의 모임입니다. 이 거룩한 공동체는 진정한 믿음과 진정한 희망과 진정한 사랑 안에서 살아가는 모든 사람을 포괄합니다. 그러므로 그리스도교의 본질과 생명과 본성은 육체적 모임이 아니라, 더구나 돌로 지은 교회 건물도 아니라 '하나의 믿음 안에 있는 마음의 모임입니다'.

또 그래서 교회에서는 위와 아래 사이, 성직자와 평신도 사이, 다른 그리스도인들을 도덕적·신앙적으로 얕보는 수도자와 보통 사람 사이에, 그리고 바오로가 갈라티아 신자들에게 보낸 편지에서 말한 것처럼 "유다인과 그리스인, 종과 자유인, 남자와 여자"(갈라 3,28) 사이에 분열이 있어서는 안 됩니다. 우리 모두는 그리스도를 입었기 때문에 '하나의 빵'이, 세상 한가운데 있는 누룩이 되어야 합니다.

이런 교회 공동체는 갖가지 일들을 통해 발생합니다. 복음을 듣고 선포하는 일, 성사를 베푸는 일, 형제로서 대화를 나누는 일, 그리고 필요하고 가능하면 언제든 위로를 전하고 서로 도움을 주는 일을 통해 발생합니다. 그렇기 때문에 교회에서 중요한 것은 우리가 조금도 알 수 없는 저 하늘의 성인들을 쳐다보는 일이 아니라, 세례 받은 사람들이 이 땅에서 하느님께 부름 받은 이들임을 깨닫는 일입니다. 거룩한 공동체, 곧 하느님께 속하고 하느님께 합당한 공동체를 만드는 그들이 이 땅의 성인들입니다.

교회는 수도원이나 수도 공동체로 물러나 있어서는 안 됩니다. 한 탁상 담화에서 저는 말했습니다. "하느님은 당신의 교회를 외적 활동과 직무 아래로, 세상 한가운데로 보내셨습니다. 그리스도인을 수도자로 만들기 위해서가 아니라, 여느 공동체 속에서 살면서 믿음에 대한 우리의 활동과 실천이 사람들 속에 알려지기를 원하셨습니다. 아리스토텔레스의 말처럼 인간 공동체는 그 자체가 목적이 아니라 수단입니다. 교회의 고귀한 목적은 다른 이들에게 하느님을 가르쳐 주는 것입니다."

그럼에도 저는 여튼 설교집에 다음과 같이 밝혔습니다. 하느님의 말씀은 이렇게 설교될 수 있습니다. "말씀을 마음속에 줄 수 있는 것은 하느님밖에 없습니다. 마음속에 말해야 합니다. 그렇지 않으면 아무것도 아니게 됩니다." 최후에는 인간이 다른 이들에게 의존할 수 없습니다. 인간은 스스로 들어야 하고, 스스로 믿어야 하며, 스스로 신뢰해야 하고, 죽음이 왔을 때는 하느님께 스스로 답을 해야 합니다.

사랑하는 형제 프란치스코여, 당신은 제게 세 마디를 써서 보냈습니다. 두 번째 마디인 "두려움 없이!"는 저에게 딱 맞는 말입니다. 저도 비슷한 식으로 말한 적이 있습니다. "두려움은 좋은 일을 하지 않습니다. 그러니 모든 것에서 자유롭고 담대해야 하며, 굳건해야 합니다." 굳건하다는 것은 믿음이 있다는 것인데, 예언자 이사야는 이렇게 말했습니다. "너희가 믿지 않으면 정녕 서 있지 못하리라"(이사 7,9). 그리고 저는 말합니다. "당신이 믿으니, 당신은 가졌습니다!"

끝으로 제 형제인 당신에게 말합니다. 모든 것에서 자유롭고 담대하며 믿음으로 굳건합시다!

당신의 형제 마르틴이
비텐베르크에서

믿음 — 성찬 거행

사랑하는 형제 마르틴에게,

"모든 것에서 자유롭고 담대하며 믿음으로 굳건합시다!" 당신은 제 교황직의 표어로 삼을 법한 멋진 말을 해 주었습니다. 그 덕에 저에 대해 다시 생각해 보았습니다. 500년 동안 온갖 분열이 있었음에도 우리에게는 많은 공통점이 있으며, 목적지를 향해 함께 나아가다 보면 아마도 더 많은 공통점을 발견할 것입니다.

이제는 교회 전통에서 '대신덕'이라 부르는 믿음과 희망과 사랑, 이 세 가지에 대해 이야기합시다. 하지만 여기서 저는 전망이요 관점인 희망을 마지막에 두려고 합니다. 교황 그레고리오 1세는 6세기에 이 세 가지 내적 자세를 '신적 덕성'이라 말하면서, 그것을 네 가지 고전 덕성인 예지와 정의, 용기와 절제 옆에 두어 거룩한 숫자 칠이 되게 했습니다.

믿음에 관해 시작해 봅시다. 그리고 — 믿음의 본질에 관해서는 이미 여러 번 대화를 나누었습니다 — 성찬에서의, 또는 당신들이 말하듯이 만찬에서의 신앙 거행에 관해 시작해 봅시다. 여기서 두 교회 사이에 놓인 중요 쟁점에 도달했음을 저는 알고 있습니다. 문제는 성찬 그 자체가 아니라 교회의 직무입니다. 그리고 성찬 내지 만찬을 적법하게 집전하는 사람이 누구인가 하는 것입니다. 교회의 직무에 관한 문제에서 우리는 예나 지금이나 멀리 떨어져 있습니다. 교회의 직무에 대해 서로 인정할 수 있으려면 상당한 신학적 작업을 거쳐야 합니다. 우리들의 관점에서는, 적어도 공적인 범위에서 공동으로 성찬을 거행할 수 있으려면 그것이 전제 조건입니다. 그런 일이 일어나길 저는 바랍니다.

우리가 성찬에 참여할 때 생기는 또 다른 문제는 빵과 포도주가 상징하는 그리스도의 현존과 예수의 희생적 죽음입니다. 여기서는 교회들 사이의 갈등에 영향을 미쳤던 중세의 신학적·철학적 언어가 오늘날 대다수 신앙인에게는 더 이상 중요하지 않으며, 이해할 수 없는 신학적 말싸움으로밖에 보이지 않는다는 것을 인정해야 합니다. 실체와 우유偶有에 대해, 무혈無血의 십자가 희생의 반복에 대해, 실체변화와 그 밖의 것에 대해 그 누가 생각하고 논의하겠습니까?

다른 문제와 마찬가지로 여기서도 저는 성찬 거행에 도움이 되고, 그로써 사람들의 믿음을 굳건하게 해 주는 실질적 방법에 관해 말하고 싶습니다. 지금 시대, 지금 사람에 맞는 성찬 거행에 대해 신학적 토론을 벌이는 것은 뒤로 미루는 편이 좋겠습니다. 2015년에 펴낸 회칙 『찬미받으소서』에서 저는 성사의 표징에 대해 새로운 시도를 했습니다. 성사의 표징을 창조론과 연관 지은 것입니다. 즉, 우리들 세상의 현 문제를 대면해서는 하느님의 좋은 피조물로서 세상의 관점이 중요합니다. 그러나 교회와 그리스도인의 삶에서는 결코 의미 있는 것이 아니며, 이 일은 당신들의 몫입니다.

저는 경고했습니다. 인간은 하느님을 모든 사물 안에서 만납니다. 13세기에 프란치스코회를 이끈 보나벤투라 성인은 말했습니다. "외부의 피조물들에서 하느님을 만나는 법을 더 잘 이해하면 인간의 내적 삶은 더 완전해집니다."

성사의 거룩한 표징에서 이러한 일이 발생합니다. 물, 기름, 불, 빵과 포도주, 자연 사물들은 초자연적 생명을 암시하고 그 현존을 나타냅니다. 물질적 표징의 육체성 안에서 하느님은 몸소 우리를 만나십니다. 그분께서 그리스도 안에서 이 세상의 육체를 취하셨기 때문에, 육화의 신비 때문에, 곧 하느님께서 인간이 되심으로써 가능한 일입니다. 그래서 저는 성찬에 대해 이렇게 서술했습니다.

"피조물들은 성찬례 안에서 가장 탁월하게 드높여집니다. 주님께서는 육화의 신비 정점에서 작은 물질을 통하여 우리 내면 깊은 곳에 가닿고자 하셨습니다. 그분께서는 위에서가 아니라 안에서 오셔서 우리가 이 세상에서 당신을 만날 수 있게 하십니다. 성찬례 안에는 세상의 핵심, 사랑과 생명이 무한히 넘쳐흐르는 중심이 있습니다. 성찬례는 우주적 사랑의 행위입니다. 성찬례는 하늘과 땅을 이어 줍니다. 성찬례는 모든 피조물을 품고 그 안에 스며듭니다. 따라서 성찬례는 우리가 모든 피조물의 관리자가 되도록 이끌어 줍니다"(『찬미받으소서』 236항).

사랑하는 형제 마르틴이여, 그리스도인의 역사를 보면 성찬을 이해하는 데 기여한 다양한 견해들이 있습니다. 예수님과 그리스도인의 공동체, 일치와 평화의 식사, 감사와 찬양, 기도와 개인 신심, 인간과 함께하는 하느님의 축제, 구원의 기념, 화해와 죄의 용서, 믿음과 삶의 강화, 그리고 그 밖의 다른 여러 관점이 있습니다. 저는 이런 많은 전통에 관점을 하나 더 덧붙이려 합니다. 성찬은 "우주적 사랑의 행위"이고, 하느님이 우리에게 주시는 선물의 물질적 표징입니다.

교회 역사를 보면 어느 시대든 특정한 문화적·사회적 상황에 따라 성찬에 대한 관점이 다양한 방식으로 전면에 드러나거나, 묻히기도 했습니다. 당신의 시대에는 희생 제의가 요점이었고, 마지막 공의회 때는 식탁 공동체가 강조되었습니다. 초기에는 다가올 영광에 대한 약속이 중요한 관점이었고, 오늘날에는 하느님이 그리스도를 통해 우리 인간과 벌이기를 바라시는 축제, 혹은 제가 말한 바 있는 하늘과 땅의 합일이 중요하게 보입니다. 이와 같이 서로 다른 관점에 대해 평가를 내려서는 안 되며, 이 때문에 반목해서도 안 됩니다. 우리 시대의 사람들에게 적합한 새로운 해석, 실체변화 같은 신학적 사변보다 이해하기 쉬운 해석을 우리가 함께 찾는다면, 이로써 우리는 서로 다른 견해를 상대화할 수 있습니다. 17세기 바로크 시대의 시인이요 신학자이며 의사인 안겔루스 질레지우스는 말했습니다. "벗이여, 당신이 무엇이든, 멈춰 서 있지 마십시오. 인간은 끊임없이 한 빛에서 다른 빛으로 가야 합니다."

사랑하는 형제 마르틴이여, 성찬 이해와 성찬 신심의 새로운 빛으로 갑시다. 그리고 해묵은 다툼, 언어와 개념으로 행해진 다툼을 끝냅시다. 하느님의 성찬, 만찬을 통해 치유합시다. "하느님과의 관계, 우리 자신과의 관계, 다른 피조물과의 관계, 세상과의 관계를 치유"(『찬미받으소서 237항』)합시다. 부활로, 새 창조의 첫날로, 완성의 성찬을 거행합시다.

당신의 형제 프란치스코가
로마에서

사랑하는 형제 프란치스코에게,

"끊임없이 한 빛에서 다른 빛으로 가야 합니다." 당신이 직접 한 말이 아니라 한 시인의 말이지만, 당신을 통해 아름다운 격언을 들었습니다. 그 시인은 처음에 개신교인이었으나 나중에 가톨릭으로 개종했습니다. 아직은 엄격하고, 오직 성경 말씀만 신뢰하는 당시 개신교보다는, 오히려 바로크 시대 가톨릭 아래에서 그의 신비주의 사고가 더 잘 이해될 수 있었기 때문입니다.

사실 성찬은 우리 두 교회 사이에서 가장 중요한 쟁점이자 그리스도교 공동체의 결정적 행위입니다. 성찬에 참여할 때면 저도 하느님께 찬양과 감사를 드리는 이들에게 속하게 됩니다. 그리스어 에우카리스티아*eucheristia*를 떠오르게 하는 '감사'의 관점은 제게도 중요한 의미가 있습니다.

저는 성찬 거행에 결코 반대하지 않았습니다. 하느님께서 원래 뜻하셨던 바를 날조한 것들에 대해 반대했을 뿐입니다. 가령 신자들에게 돈을 받아서 공동체 없이 사제 혼자 바치는 개인 미사 같은 것은 정말 경악할 일입니다. 만약 오직 은총, 오직 그리스도, 오직 성경, 오직 믿음이란 원칙을 고백한다면 그래서는 안 됩니다.

저는 제가 성경에서 알아들은 하느님의 말씀을 강조했습니다. 그런데 때로는 이 때문에 마치 제가 말씀만 강조하고 성사를 몰락시킨 것처럼 죄를 덮어쓰게 되었습니다. 하지만 이것은 사실이 아닙니다. 세례와 성찬의 성사적 표징과 말씀은 서로 대적하는 위치가 아니라, 천칭에 달려 있는 두 개의 접시처럼 서로 보완하는 위치에 있기 때문입니다. 성찬과 세례는 하느님의 말씀을 듣고 따르는 일처럼 핵심적인 것입니다.

성사의 개수에 대해서는, 물론 저는 가톨릭과 다르게 이해하고 있습니다. 저는 세례와 성찬만을 성사로 인정합니다. 세례와 성찬에서 의미 있는 말과 의미 있는 표현이 예수님에 의해 함께 드러나기 때문입니다. 대사大赦와 고해를 통한 사죄는 부분적인 것이고, 거기에는 물질적 표징이 없습니다. 하지만 이것은 개념에 대한 문제라서 저는 성사의 개수는 그리 중요하게 생각하지 않습니다. 만약 성사라는 개념을 넓은 의미에서 이해한다면 당신들처럼, 동방교회에서 일반적인 것처럼 일곱 가지 성사를 거론할 수 있을 것입니다. 우리는 성사 개념을 좁은 의미에서 이해해서, 두 가지나 세 가지에 대해서만 언급합니다. 중세에는 전반적으로 더 많은 교회 활동을 성사로 이해했습니다. 당신들에게 일반적인 것보다 폭넓은 성사 개념이 있었습니다.

사랑하는 형제 프란치스코여, 당신이 성찬에 대해 열거한 견해들 중에서 저에게 결정적인 것은 그리스도와 함께하는 공동체라는 것입니다. 그리스도께서 위임하신 성찬의 내적 중심이 여기에 있다고 봅니다. 이 공동체는 말씀에서, 빵과 포도주의 표징에서 생겨납니다.

그리스도와 함께하는 이 공동체를 위해서는 어떤 식으로도 그럴듯한 명제들은 필요하지 않습니다. 성찬례 중에 그리스도의 십자가 죽음이 피 흘림 없이 반복되며 사제에 의해 현존하게 된다는 명제 같은 것 말입니다. 실례지만 이것은 순전히 이교적인 것입니다. 성찬은 예수님의 죽음을 기억합니다. 오직 십자가에 매달려 돌아가신 예수님을 통해서만 죄의 용서와 해방이 일어납니다. 만약 성찬을 전적으로 희생과 연관시켜 말한다면, 저에게 이것은 주님의 기도에서 의미하듯 자신을 바친다는 뜻입니다. "아버지의 뜻이 이루어지게 하소서"(마태 6,10). 그러나 이것은 하느님의 은총을 신뢰함으로써 일어나는 일이지, 결코 '희생'이란 오해하기 쉬운 단어로 표현되어서는 안 됩니다.

『독일어 교리문답』의 다섯 번째 주제에서 저는 제대의 성사, 거룩한 만찬에 대해 서술했습니다. 그곳에서 저는 그리스도인에게 성찬이 얼마나 중요한지 밝혔습니다. 왜냐하면 우리가 세례를 통해 하느님으로부터 새로운 삶의 탄생을 선사받고, 또한 성찬을 통해서 새로운 삶의 성장을 선사받기 때문입니다. 그래서 저는 이렇게 썼습니다. "성찬은 확실히 영혼의 음식이며, 새로운 인간을 먹이고 또 강하게 합니다. 세례를 통해 우리는 새롭게 태어나지만, 동시에 과거의 몸이 여전히 인간에게 존재하고 있습니다. 그러므로 우리에게 성사가 일상의 목초와 식량으로 주어지며, 그로써 믿음이 회복되고 강해지며, 또 날로 더 강건해집니다. 마음은 여기서 새로운 힘과 위안을 얻어야 합니다."

그래서 저는 성찬을, 더구나 규칙적으로 거행하는 성찬을 없어서는 안 되는 것으로 여깁니다. 성찬에 오지 않는 사람은 믿음이 차가워집니다. 반대로 성찬에서 하느님으로부터 강하게 되는 사람은 마음이 따뜻해지고 불이 붙는 체험을 합니다. 물론 우리가 성찬을 강요하는 것은 아닙니다. 우리는 그리스도 그분으로부터 초대를 받았고, 그 초대에 응하는 것이 옳기 때문에 하는 것입니다.

저는 교리문답에서 성찬을 비유적으로 표현하려 했습니다. 성찬은 생명을 주는 해독제요 약입니다. 성찬은 육체와 정신에 생명을 주는 치유하는 약, 위로하는 약입니다. 성찬은 죄의 독에 저항하는 해독제입니다.

사랑하는 형제 프란치스코여, 저에게 성찬이 언제나 얼마나 중요했는지 당신은 알고 있습니다. 안타깝지만 인정합니다. 개신교 신자들 중에는 자신에게 주어진 가치를 지키지 않는 이들도 있습니다. 특히 개혁 교회 공동체들이 성찬을 외면하거나 드물게 거행합니다. 이것은 저의 의도와 반대되는 것입니다. 하지만 공동의 성찬, 곧 가톨릭과 개신교의 그리스도인들이 공동으로 지내는 감사 축제는 당신의 문제가 아닐 것입니다. 우리를 초대하는 것은 그리스도이기 때문이며, 그분이 행하시면 우리는 그저 따라야 한다고 생각합니다. 직무에 대한 문제나 성찬의 적법한 집전에 대한 문제가 저에게는 말씀과 성사보다 덜 중요합니다. 그것은 교회의 구조에 관한 문제이고, 인간이 만든 것이니 바뀔 수 있습니다. 우리는 이와 관련해 우리들 사이에 놓인 분열의 골을 극복할 해법을 찾아야 합니다.

하지만 효과적인 틀이 있습니다. 만약 당신이 개신교인들과 함께 성찬을 거행하면서 ―『찬미받으소서』에 아름답게 기록된 것처럼 ― 피조물의 하느님께 찬양을 드린다면 저의 진심 어린 초대에 응하는 일이 될 것입니다. 당신이 말한 것처럼 그저 한 빛에서 다른 빛으로 가 보십시오.

저는 당신이 용기 내어 공동의 만찬, 공동의 성찬을 거행하기를 바랍니다. 당신에게 자유롭고 담대하게 원합니다.

당신의 형제 마르틴이
비텐베르크에서

사랑 — 자비의 힘

사랑하는 형제 마르틴에게,

초대에 진심으로 감사드립니다. 하지만 바티칸이란 국가 조직에서, 로마 교황청의 바쁜 일정에서 새로운 문제를 만들지 않으면서, 당신의 친절한 초대를 받아들일 정도로 제가 '자유롭고 담대하지'는 못합니다. 한 기자가 말한 것처럼 결국 저는 '늑대들 사이에 있는 교황'입니다. 여기서는 애정 어린 친교에 대해 대화를 나눌 수 없습니다. 오히려 그 반대입니다.

이로써 우리는 세 가지 신적 덕성 중에서 두 번째 것인 사랑에 도달했습니다. 우리가 모두 높이 평가하는 바오로에 따르면 "믿음과 희망과 사랑"은 세 가지 다 결정적인 것인데, "그중에 가장 위대한 것은 사랑입니다"(1코린 13,13). 실제로 그리스도인의 삶에서 중요한 것은 하느님에 대한 믿음과 신뢰, 하느님과 이웃을 향한 사랑, 흔들리지 않는 희망입니다. 그리고 희망에 관해서는 다음 편지에서 이야기할 것입니다. 그런데 우리 마음에 특별히 자리하고 있어야 할 것은 사랑입니다.

여러 층위로 이루어진 '사랑'의 개념과 성경에 있는 '자비'라는 단어는 같은 의미입니다. 자비로운 마음을 갖는다는 것은 구약성경과 신약성경에서 하느님이 인간에게 가장 먼저 건네셨던 위로의 말씀입니다. 또한 그로부터 하느님의 요구가 따르는데, 인간은 이제 스스로가 자비로워질 준비를 하고, 자비를 말과 행동으로 옮겨야 합니다. 그리스도인이라면 이웃을 지나쳐 가지 못합니다. 예수님은 이것을 착한 사마리아인의 비유로 분명히 밝히십니다.

이 때문에 저는 자비의 해를 선언했습니다. 2015년 12월 8일, 제2차 바티칸 공의회 폐막 50주년을 기념하며 자비의 해가 개막되었습니다. 사랑하는 형제 마르틴이여, 교황 요한 23세가 소집한 그 공의회는 분명 당신도 반대하지 않았을 그런 공의회였습니다. 엄격하고 판단하며 배제하는 공의회, 생각이 다른 이들을 추방하는 공의회가 아니라, 사람들에게 다가가고 사람들을 자비롭게 만나는 공의회였습니다. 그래서 교황 바오로 6세도 훌륭한 요한 23세의 활동을 이어 갔고, "이 공의회의 신앙은 이웃 사랑"이라고 강조하며 격려와 존중과 사랑을 보여 주었습니다.

만약 우리가 사랑과 자비와 관련하여, 그리스도인의 생각과 말과 행위를 시대와 문화에 맞게 제시하고자 한다면, 먼저 하느님의 자비와 사랑에 주목해야 합니다. 우리는 이것을 예수님과 그분 활동에서 가장 확실하게 알 수 있습니다. 예수님은 하느님이 우리에게 어떻게 자비롭게 다가오시는지 보여 주십니다. 그분께서 인간을 어떻게 받아들이시며, 어떻게 구원을 약속하시는지, 어떻게 고통을 덜어 주시며, 병을 치유하시는지 보여 주십니다. 하느님은 그런 분이십니다. 2016 자비의 성년으로 초대하는 칙서「자비의 얼굴」(Misericordiae Vultus)에서 저는 '자비'란 단어를 명시했는데, 이 "자비는 하느님께서 우리를 만나러 오시는 궁극적인 최고의 행위입니다. 자비는 인생길에서 만나는 형제자매를 진실한 눈으로 바라보는 모든 사람의 마음속에 자리 잡는 근본 법칙입니다. 자비는 하느님과 사람을 이어 주는 길이 되어 우리가 죄인임에도 영원히 사랑받으리라는 희망을 품게 해 줍니다"(「자비의 얼굴」2항). 말하자면 자비는 믿음의 내적 중심입니다.

예수님은 우리에게 이런 하느님 사랑을 전달하십니다. 그분은 자비의 종이요, 그분은 하느님의 사랑이 우리에게 오는 길이며, 그분은 하느님의 사랑을 볼 수 있게 하는 빛입니다. 요한 복음서에서 예수님은 말씀하십니다. "아버지께서 나를 사랑하신 것처럼 나도 여러분을 사랑했습니다. 여러분은 내 사랑 안에 머무시오. 내가 여러분에게 명하는 바는 이것입니다. 여러분은 서로 사랑하시오"(요한 15,9.17). 그러니 예수님의 얼굴을 볼 때 우리는 하느님 자비의 얼굴을 보는 것입니다.

여기서 우리 그리스도인의 임무가 주어집니다. 예수님과 그분을 따르는 이들처럼 우리는 사람들을 향해 나아가야 하고, 하느님의 선하심과 온유하심을 우리의 행동을 통해 가져다주어야 합니다. 우리는 자비의 종입니다. 이것이 매일 새롭게 우리의 복음, 우리의 좋은 소식이어야 합니다. 이것은 제 삶에 각인되어 있습니다. 교황 선출 이후, 저의 교황 문장에 들어갈 표어를 택해야 했을 때, 저는 세리 마태오가 떠올랐습니다. 복음사가 마태오가 전하는 바에 따르면, 예수님이 세관 앞을 지나다가 마태오를 보시고 제자로 택하셨습니다. 700년경 영국 베네딕도회의 사제 베다 베네라빌리스 성인은 이 사건을 설명하며, 예수님께서 "자비로이 보시고 선택하셨다"(Miserando atque eligendo)라고 덧붙였습니다. 이것은 또한 제가 경험한 바이고, 그래서 이 표어를 택한 것입니다. 제가 그분의 공동체에 속해 있기에, 그분은 당신의 자비로운 얼굴을 제게 보여 주셨으며, 자비의 행위를 위해 저를 부르셨습니다.

하느님이 선사하신 사랑과 자비를 우리는 예수님 안에서, 우리 주님 안에서 인식할 수 있으며, 이 사랑과 자비는 우리 삶의 깊은 가르침이 되었습니다. 자비는 진정 누가 그리스도의 공동체에 속해 있는지, 누가 자신을 하느님의 자녀로 고백하는지 알 수 있게 해 주는 기준입니다. 우리는 스스로 자비를 행하도록 부름 받았습니다. 우리에게 이미 자비가 선사되어 있기 때문입니다. 예수님이 자비로운 이들을 축복하셨으며, 그들은 자비를 입을 것이기 때문에 이것은 놀라운 일이 아닙니다. 그러므로 전체 교회와 모든 그리스도인은 자비로 가득 차 있어야 합니다.

저는 "자비는 교회 생활의 토대"(『자비의 얼굴』 10항)라는 말을 썼습니다. 저는 제 위치에서 제 모든 힘을 다해 때로 자비롭지 못한 교회가 자비를 되찾도록 노력할 것입니다. 교회는 모든 사람에게 다가가는 교회가 되어야 하며, 그 누구도 배제해서는 안 됩니다. 교회에서는 상황이 어떻든 간에 모든 규정이나 가르침보다, 모든 의례나 법률보다 사람을 더 소중하게 받아들여야 합니다. 교회는 자비로운 얼굴을 가진 교회여야 합니다.

두 번째는 예언자 이사야가 말한 것처럼 모든 그리스도인은 각자의 환경에서 각자의 기회와 은사에 따라 살아 있는 자비의 몸이 되어야 합니다. "필요한 것은 불의한 결박을 풀어 주고 멍에 줄을 끌러 주는 것, 억압받는 이들을 자유롭게 내보내고 모든 멍에를 부수어 버리는 것이다. 네 양식을 굶주린 이와 함께 나누고 가련하게 떠도는 이들을 네 집에 맞아들이는 것, 헐벗은 사람을 보면 덮어 주고 네 혈육을 피하여 숨지 않는 것이 아니겠느냐?

그리하면 너의 빛이 새벽빛처럼 터져 나오고 너의 상처가 곧바로 아물리라. 너의 의로움이 네 앞에 서서 가고 주님의 영광이 네 뒤를 지켜 주리라"(이사 58,6-8). 이 주제에 대해서는 이사야가 한 말에 더 보탤 필요가 없습니다.

    이제 우리는 말이 아닌 행동을 해야 합니다.

    사랑하는 형제 마르틴이여, 하느님의 자비로 우리가 포옹할 수 있기를 바랍니다.

당신의 형제 프란치스코가
로마에서

사랑하는 형제 프란치스코에게,

두 번째 신적 덕행인 사랑에 관한 당신의 말은 매우 타당합니다. 하느님의 자비에서 인간의 자비가 생겨나야 합니다. 그러나 이런 요구에도 불구하고 결국은 인간의 행위가 아니라, 믿음과 그리스도가 중요합니다. 그리스도인은 자신의 행위가 아니라 그리스도를 통해 그리스도인이 됩니다. 하지만 믿음과 행위의 관계에 대해서는 이미 많이 대화했기 때문에 반복할 필요는 없을 것입니다.

당신이 교황 문장에 들어갈 표어를 어떻게 택하게 되었는지 들려줘서 좋습니다. 그 이야기에서 저는 제 마음에 깊이 자리하고 있는 '오직 그리스도'를 발견했고, 그로써 다시금 우리 사이에 있는 어떤 공통점이 있음을 확인했습니다. 제게도 '루터 장미'로 알려져 있는 일종의 문장이 있습니다. 그것을 저는 일찍이 1516년에 저의 가문 루더의 오랜 문장에서 발전시켜 저의 신학적 표시로 만들었습니다. 1530년 베스테 코부르크에서 아우크스부르크 제국의회의 결과를 기다리고 있었을 때, 저는 루터 장미에 관해 뉘른베르크의 시참사회원이자 개혁의 후원자인 라자루스 슈팽글러에게 다음과 같이 편지를 썼습니다.

"첫째는 붉은 심장 속에 있는 검은 십자가여야 합니다. 이것으로 저는 십자가에 매달리신 그분에 대한 믿음이 우리를 복되게 한다는 것을 항상 기억해야 합니다. 이는 로마 신자들에게 보낸 편지에도 나와 있습니다. '마음(심장)으로 믿으면 의로움에 이릅니다'(로마 10,10). 비록 십자가는 검지만, 그것이 죽음과 상처의 표시지만 심장은 붉습니다. 십자가는 본성을 상하게 하지도 죽이지도 않으며, 오히려 늘 살아 있게 합니다. 로마 신자들에게 보낸 편지에서 말하듯이 의로운 이는 믿음으로, 곧 십자가에 매달리신 그분에 대한 믿음으로 살 것입니다(로마 1,17 참조). 그런데 이 심장은 믿음이 기쁨과 위로, 평화를 준다는 것을 드러내기 위해 흰 장미 가운데 놓여야 합니다. 믿음의 흰 장미, 기쁜 장미는 하지만 이 세상처럼 평화와 기쁨을 주지는 않습니다. 그래서 흰색은 모든 선한 영혼이요 모든 천사이니, 장미는 붉은색이 아닌 흰색이어야 합니다.

이 장미는 다시금 하늘색 둥근 들에 놓여야 합니다. 영혼 속에, 믿음 속에 있는 이 기쁨이 천상의 기쁨, 미래의 기쁨의 시작임을 드러내기 위해서입니다. 이러한 기쁨은 아직 눈에 보이지는 않지만, 지금 내면에서 이해할 수 있으며, 희망으로 알아챌 수 있습니다.

이 파란 들은 금빛 고리가 둘러싸고 있습니다. 이것은 이러한 천상지복이 영원히 이어지며 끝이 없음을 알리려는 것입니다. 이

지복은 지상의 어떤 기쁨이나 좋은 것보다 뛰어나며, 금처럼 가장 값지고 가장 귀하며 가장 훌륭한 광석입니다."

이것이 루터 장미에 관해 제가 묘사한 바입니다. 중앙에 자리 잡은 심장은 단지 믿음의 표시일 뿐 아니라, 믿음에서 생겨나며, 믿음을 먹고 강해지는 사랑의 표시이기도 합니다. 그렇지만 사랑하는 형제 프란치스코여, 하느님의 자비에 대해 언급하며 당신도 비슷하게 말했듯이, 인간의 사랑은 하느님 사랑의 약한 모상일 뿐입니다. 저는 이렇게 말했습니다. "하느님은 땅에서 하늘까지 다다르는 가득한 사랑으로 불타는 빵 굽는 화덕입니다." 그리고 또 말했습니다. "루터 장미 안에 심장이 있는 것처럼 하느님의 이 사랑 한가운데서 하느님 사랑에 의해 인간이 태어났습니다."

착한 사마리아인에 대한 예수님의 비유는 제게도 큰 의미가 있습니다. 교리문답에서 저는 모세의 두 계명판에 대해 언급하며, 하느님 사랑과 이웃 사랑이 비록 다른 판에 쓰여 있지만, 내적으로는 짝을 이루며, 분리되어 있지 않다고 설명했습니다. 그러므로 이웃 봉사와 하느님 봉사는 하나입니다. 달리 말하자면, 저마다 자신의 이웃에게 봉사한다면, 이 세상은 하느님 봉사로 가득 찰 것입니다.

대교리문답에서 저는 하느님 자비와 인간 자비의 관계를 두 단락에서 언급했습니다. 먼저 한 단락에서는 저는 독일어로 '하느님'(Gott)이란 말이 '좋다', '선하다'(gut)라는 말에서 나왔음을 제시했습니다. 하느님의 본질은 다른 것이 아니라 선하심이며, 그분으로부터 모든 좋은 것이 나오기 때문입니다. 그분은 우리에게 육체와 생명, 먹을 것과 마실 것, 식량과 건강, 보호와 평화, 그리고 지금부터 영원까지 필요한 모든 것을 가장 좋은 것으로 주십니다. 우리는 그분을 선하신 분이라 부릅니다. 그분은 가장 선한 것들이 넘쳐나고, 좋은 것과 좋다고 하는 것이 솟아나는 영원한 샘이십니다.

또한 다른 단락에서는 우리가 다른 사람들로부터 받는 선한 것도 사실 그 사람들이 아니라, 결국 하느님에게서 오는 것임을 제시했습니다. 우리 모두는 이웃에게 선한 일을 행하라는 하느님의 명령과 요구를 받고 있기 때문입니다. 다시 말해 우리는 그들로부터가 아니라 그들을 통해 하느님으로부터 받습니다. 피조물은 그저 손이요 관이며 도구일 뿐이고, 이를 통해 하느님은 모든 것을 주십니다. 마치 이는 그분이 자녀에게 덕이라고 어머니에게 젖가슴을 주신 것과 같으며, 온갖 곡물과 조물이 땅에서 양분을 받게 하신 것과 같습니다. 어떤 피조물도 스스로 선하고 좋은 것을 만들어 낼 수 없습니다. 우리가 받은 선한 것을 다시 내어 줌으로써 우리는 하느님의 선하심에 속하게 됩니다. 우리는 받았기 때문에 줄 수 있습니다. 이것이 그리스도교의 본질이고, 우리가 온전히 믿고 따를 수 있는 종교들의 본질입니다. 우리에게 익숙해진 말을 한 번 더 하자면, 선한 행위는 인간의 능력이 아니라, 오직 믿음으로 일어납니다.

이런 의미에서 선한 행위는 포기할 수 없는 것이며, 바로 하느님의 명령과 요구를 따르는 일입니다. 인간은 이웃을 도와야 합니다. 교회에 가거나 금식을 하는 것보다, 대사를 위한 기부나 온갖 기도보다 더 중요한 일입니다. 저의 날카로운 발언에 당신이 질책한다 해도, 저는 다시 확실하게 밝힙니다. "이웃에게 한 푼 주는 것이 베드로에게 금으로 된 성전을 지어 주는 것보다 낫습니다. 전자는 하느님께서 요구하신 일인 반면 베드로는 아무것도 요구하지 않습니다." 이런 글을 쓰지만 당신이 잘 이해해 주리라고 생각하고 있습니다. 당신도 저와 비슷하게 말하고 행하며, 또한 당신은 가난한 이들의 교황이기 때문입니다.

그러니 두 번째 신적 덕성과 관련해서 우리는 온전히 하나입니다. 당신이 편지 말미에 적은 말을 저 역시 반복하고 강조합니다. 이제 우리는 말이 아닌 행동을 해야 합니다!

당신의 형제 마르틴이
비텐베르크에서

희망 — 공동의 목표

사랑하는 형제 마르틴에게,

믿음과 사랑과 희망, 그리스도인의 이 덕성들은 우리의 길입니다. 다시 말해 믿음과 사랑과 희망은 하느님을 향해 바른 길을 갈 수 있도록 우리를 돕는 세 안내자입니다.

우리는 서로 함께 길 위에 있는 하느님의 백성, 한 목적지를 향해 가고 있는 백성입니다. 목적지를 아직 눈으로 볼 수는 없어도, 우리 마음에는 큰 희망이 있습니다. 우리는 이 희망으로 살아갑니다. 희망은 우리에게 믿음을 위한 힘을 주고, 또 하느님과 이웃을 사랑할 수 있게 합니다.

저는 교황 권고에서 한 단락을 이렇게 썼습니다. "풍요로운 우정으로 꽃피우는 하느님 사랑과 만남으로써 비로소 우리는 자신의 고립감과 자아도취에서 벗어나게 됩니다. 우리가 더욱 인간다워질 때, 곧 우리 자신을 벗어나 우리 존재의 가장 완전한 진리에 이르도록 이끄시는 하느님께 우리 자신을 내어 맡길 때, 비로소 우리는 온전한 인간이 됩니다"(『복음의 기쁨』8항).

우리 자신을 벗어나는 것, 이것이 그리스도인의 희망입니다. 우리의 본래 자기에 다다르는 것, 이것이 그리스도인의 희망입니다. 하느님과 복된 친교를 맺고 살아가는 것, 이것이 그리스도인의 희망입니다. 죽음에 관해, 내세에 관해, 그리고 죽음을 넘어 새로운 창조를 내다보는 희망에 관해 우리는 무엇을 말할 수 있습니까? '우리 자신을 벗어나는 것'에 관해 우리는 무엇을 말할 수 있겠습니까?

첫째로, 모든 생명에게 죽음은 불가피합니다. 당신과 같은 언어권에서 살았던 낭만주의 시인 클레멘스 브렌타노는 19세기 초에 추수에 대한 노래를 하나 지었는데, 사랑하는 형제 마르틴이여, 저는 당신의 어투가 떠올랐습니다. "그자는 풀을 베는 자, 그자는 죽음, 하느님이 명하시면 그자는 곡식을 베어 들인다. 이미 그자는 큰 낫을 갈고 있고, 그것은 날카롭게 번쩍이며, 곧 그자는 당신을 벨 테고, 당신은 그저 고통을 겪을 수밖에 없다. 당신은 수확제 화환에 들어가리라, 조심하라, 아름다운 작은 꽃이여."

작은 꽃의 비유가 말하고자 하는 바는, 그것이 꽃을 넘어 모든 생명에게, 또한 인간에게 유효하다는 것입니다. 사무엘기 하권에는 다음처럼 서술되어 있습니다. "우리는 반드시 죽기 마련이니, 땅바닥에 쏟아져 다시 담을 수 없는 물과 같습니다"(2사무 14,14). 또한 성경의 시작에도 인간의 운명에 관해 기록되어 있습니다. "너는 먼지이니 먼지로 돌아가리라"(창세 3,19). 중국의 한 격언도 말합니다. "현명한 이는 죽음이 늘 자기 곁에 있음을 안다." 그리고 실은 우리도 매일 죽음이 — 때로는 우리들 바로 곁에서 — 다시금 닥치는 것을 경험합니다.

하지만 이 모든 것들은 단지 일면일 뿐이며, 또한 언뜻 보기에만 모든 것이 흐릿하고 절망적으로 보이는 것뿐입니다. 그것이 전부는 아닙니다. 모든 종교는 사람들에게 죽음의 경계를 넘어설 것이라는 희망을 요구합니다. 종교는 그것을 비유적, 상징적, 은유적 언어로 — 다른 식으로는 불가능합니다 — 알려 줍니다. 가령 끝이 시작이요, 죽음은 문이라는 것, 인간은 완성과 끝없는 행복 속에서, 안녕과 평화, 그리고 모든 이를 위한 구원 속에서 새로운 생명으로 창조된다는 것입니다. 세상의 종교들은 인간에게 희망의 운반자인데, 그리스도교는 그 가운데서도 의미가 있습니다. 신앙의 핵심 내용으로 하느님을 통한 나자렛 예수의 부활, 우리가 그리스도라 부르는 예수의 부활을 고백하기 때문입니다.

우리 두 교회의 그리스도인들이 함께 기도할 수 있는 사도신경에 대해 이야기합시다. "예수 그리스도께서 십자가에 못 박혀 돌아가시고 묻히셨으며 저승에 가시어 사흘날에 죽은 이들 가운데서 부활하시고 하늘에 오르셨음을 믿나이다." 그리스도인의 믿음은 그리스도의 부활과 제자들의 체험, 곧 십자가 위에서 돌아가신 분을 전에 없이 불가해한 방식으로 살아 계신 분으로 만나게 되는 체험과 함께 시작됩니다. 그래서 사도행전에는 예루살렘 첫 공동체의 고백이 실려 있습니다. "하느님께서는 그분을 죽음의 진통에서 풀어 주어 되살리셨습니다"(사도 2,24). 이러한 고백은 사도행전이나 복음서들보다 더 먼저 기록된 바오로의 편지에서도 확인할 수 있습니다. 로마 신자들에게 보낸 편지에서는 이렇게 말합니다. "그대가 그대의 입으로 예수는 주님이시라고 고백하고, 하느님께서 그분을 죽은 자들 가운데서 일으키셨다는 것을 그대의 마음속으로 믿으면 그대는 구원받을 것입니다"(로마 10,9). 사랑하는 형제 마르틴이여, 저도 당신처럼 로마 신자들에게 보낸 편지를 즐겨 읽습니다.

　예수님은 하느님에 의해 첫 번째로 부활하신 분입니다. 하지만 그분은 자신만을 위하시지 않고, 모든 믿는 이들을 위해 모범이 되십니다. 예수님의 부활과 함께 모두의 부활이 시작되고, 이것은 모두를 위한 새로운 구원의 시작이며, 죽음을 넘어서는 새로운 희망의 시작입니다. 예수님이 하느님으로부터 구원을 가져오신다고 그리스도인들이 말할 때, 이는 다른 것을 의미하지 않습니다. 그러므로 그리스도인들은 예수님이 자신들의 희망이라고 고백할 수 있습니다. 그분은 죽음을 지나 부활로, 새로운 생명으로 가는 모범이십니다. 예수님은 생명으로 가는 문이십니다.

부활은 제자들을 변화시켰습니다. 그들은 불안과 체념 속에 남겨져 있다가 용기 있게 떨치고 나왔습니다. 부활에 대한 복음과 그들 자신의 부활에 대한 희망을 선포하기 위한 것이었습니다. 그리스도인의 선교는 오늘날과 같이 당시에도 다름 아닌 희망을 전파하는 것이었습니다.

사랑하는 형제 마르틴이여, 우리는 모두 세례를 통해 부름을 받았습니다. 과거의 일반적인 세례 의식에서, 그리고 오늘날 몇몇 그리스도교 교단에서 행하는 것처럼 물속에 잠기는 것은 (유감스럽지만 물을 그저 붓는 것은 과거 표징의 약한 흔적입니다) 그리스도와 함께 죽는 것을 의미하고, 물속에서 떠오르는 것은 그리스도와 함께 부활하는 것을 뜻합니다. 다른 비유를 들어 보자면 복음사가 요한을 인용할 수 있습니다. "밀알이 땅에 떨어져 죽지 않으면 한 알 그대로 남아 있을 뿐입니다. 그러나 죽으면 많은 열매를 맺습니다"(요한 12,24).

부활하신 그리스도에 대한 믿음 속에서 우리의 관점은 달라집니다. 우리는 이 세상을 넘어서서 '봅니다'. 죽음은 끝이 아니라, 단지 지나가는 길일 뿐입니다. 우리는 믿음으로부터 희망을 얻습니다. 고통과 죽음은 끝이 날 것입니다. 예수님처럼 우리도 하느님의 선한 두 팔에 안겨, 새로운 피조물로 부활하기 때문입니다. 교회 전례력에서 부활절이 성탄절보다 중요한 축일인 이유도 여기에 있습니다.

물론 우리의 미래는 여전히 불확실합니다. 죽음 뒤에 따르는 것이 무엇인지 우리는 자연과학적·역사학적 의미에서 아무것도 진술할 수 없습니다. 하지만 상징적·비유적 방법으로는 우리의 희망을 표현할 수 있습니다. 그리고 이 희망은 예수님, 하느님의 그리스도, 십자가에 못 박혔다가 하느님에 의해 부활하신 분에게서 기인합니다. 죽음은 끝이 아니라, 우리가 고대하는 충만한 구원입니다. 20세기 시인 조르주 베르나노스는 그리스도인의 이 희망을 격언으로 요약했습니다. "살아 있는 자들의 나라가 있고, 그 옆에 죽은 자들의 나라가 있는 것은 아니다. 오직 하느님의 나라가 있으며, 죽은 자들과 같이 살아 있는 자들 우리 모두가 그분 안에 있다."

사랑하는 형제 마르틴이여, 이런 위로를 당신에게 남깁니다.

당신의 형제 프란치스코가
로마에서

사랑하는 형제 프란치스코에게,

"현명한 이는 죽음이 늘 자기 곁에 있음을 안다"라는 격언은 제가 알지 못하는 나라의 지혜입니다. 그런데 저도 죽음이 제 주위에 아주 가까이 있음을 알고 있습니다. 아십니까, 제가 사랑하는 아내 캐테와 함께 여섯 자녀를 두었다는 것을 말입니다. 하지만 두 아이는 어린 나이에 눈을 감았습니다. 작은 엘리자베트는 한 살이 조금 넘은 나이에, 사랑하는 딸 막달레네는 열세 살에 세상을 떠났습니다. 네 아이만 제 곁에 남았습니다. 요하네스, 마르틴, 파울, 그리고 마르가레테였습니다. 저는 죽음이 무엇을 의미하는지 압니다. 막달레네가 죽어 갈 때, 저는 침대 앞에 무릎을 꿇은 채 서럽게 울었습니다. 하느님이 그 아이를 구원해 주시기를 기도했습니다. 그리고 그 아이는 아버지의 두 손에서 숨을 거두었습니다.

다음 날 저는 친구 유스투스 요나에게 편지를 썼습니다. "저의 귀한 딸 막달레네가 이제 그리스도의 영원한 나라에서 다시 태어납니다. 저와 제 아내는 그 행복한 죽음과 복된 마지막을 위해 그저 기쁘게 감사의 말을 해야 하지만, 죽음을 통해 그 아이가 세상의 폭력에서 벗어났지만, 우리가 진정 흐느껴 울고 탄식하지 않을 수 없을 정도로 자연적인 사랑의 힘은 그렇게 컸습니다. 삶과 죽음을 넘어서는, 유순하고 공손한 딸아이의 눈빛과 말투와 몸짓은 마음속 깊이 박혀 있습니다. 그 아이는 부드럽고 아주 사랑스런 마음씨를 가지고 있었습니다."

사랑하는 형제 프란치스코여, 저는 죽음이 무엇인지를 아주 잘 알고 있습니다. 저는 매일 눈앞에서 죽음을 봅니다. 흑사병이 돌 때, 폭동이 일어날 때, 친구가 병에 걸려 앓아누울 때, 저 자신이 갖가지 방식으로 고통을 겪을 때 그렇습니다. 우리는 두 눈으로 똑똑히 보고 있습니다. 아담 때부터 세상 끝 날까지 누구나 죽을 수밖에 없습니다. 그 누구도 비켜 가지 못합니다. 또한 저마다 스스로 죽음을 만나야 합니다. 누구도 다른 이를 대신하여 죽을 수는 없습니다. 죽음과 맞서기 위해 저마다 자신을 무장하고 준비해야 합니다.

한번은 제가 다음과 같이 썼습니다. "물에서, 불에서, 들에서, 하늘에서, 땅에서 우리가 늘 직면해 있는 죽음의 위험을 그 누가 모두 헤아릴 수 있겠습니까? 수많은 짐승들, 수많은 전염병이 우리 주변에 있습니다. 지붕에서 떨어지고, 말에서 떨어지며, 자신의 칼에 베이기도 합니다. 몇 번이나 매달리고, 찔리며, 스스로 투신하기도 합니다. 이러나저러나 우리는 생명을 잃습니다. 돈 때문에, 여자 때문에, 말 때문에, 몇몇 선행 때문에 때려죽입니다. 갖가지 죽음을 우리는 매일 각오해야 합니다."

사랑하는 형제 프란치스코여, 그래도 우리가 죽음만 아니라, 희망에 대해 더 많이 이야기하면 좋겠습니다. 희망은 인간을 움직이며, 죽음과 관련해서도 꼭 필요한 것입니다. 다시 말해 오직 희망만이 죽음 앞에서도 우리가 버티고 서게 합니다. 그것은 믿음으로부터 생긴 희망입니다. 죽음을 다룬다는 것은 믿음을 배운다는 것입니다. 죽음을 다루는 법을 우리는 꼭 배워야 합니다.

희망은 우리가 살아가는 세상에서 삶의 영약입니다. 세상에서 일어나는 모든 것은 희망에서 기인합니다. 만약 농부가 낟알에 싹이 터서 많은 열매를 맺게 되리라고 희망하지 않는다면, 한 톨의 낟알도 뿌리지 않을 것입니다. 만약 젊은 총각이 아이를 얻을 것이라고 희망하지 않는다면 여자를 맞아들이지 않을 것입니다. 만약 상인이나 날품팔이가 수익이나 임금을 얻을 것이라고 희망하지 않는다면 아무 일도 하지 않을 것입니다. 이런 식의 예는 많이 찾을 수 있습니다.

세 덕성 중에 가장 중요한 것이 희망이며, 이 희망은 죽음을 이겨 냅니다. 많은 사람이 오래 살리라는 희망을 가지고 있는데, 이것은 그들에게 주입된 것입니다. 이 때문에 사람들은 이 땅에서 영원히 살 것처럼 열과 성을 다합니다. 그래도 죽음은 언제나 그들 발치에 있으며, 또한 가장 가까운 이웃입니다. 그러니 죽음을 넘어서는 희망은 다른 곳을 내다봐야 합니다.

이러한 희망은 옛 라틴어 노래 「삶이 한창일 때에도 우리는 죽음 속에 있다」(Media vita in morte sumus)와 비슷합니다. 최근에는 이 노래가 잘츠부르크에서 독일어로 번역되었습니다. 당신은 그 가사를 잘 알겠지만, 여기서 한번 더 써 보겠습니다. "삶의 한가운데서도 우리는 죽음에 둘러싸여 있습니다. 우리가 은총을 얻도록 도움을 주는 분은 누구입니까? 주님, 오직 주님 한 분뿐입니다. 주님, 주님을 성나게 했던 악행을 우리는 후회하고 있습니다. 거룩하신 주 하느님, 거룩하고 전능하신 하느님, 거룩하고 자비하신 구원자, 영원한 하느님. 우리가 끔찍한 죽음의 곤경에 빠지지 않게 하소서. 주여 우리를 불쌍히 여기소서."

이 절, 삼 절을 덧붙여 쓸 정도로 이 노래는 제게 감명 깊었습니다. 게다가 일, 이, 삼 절 모두 당신 시대의 성가집에 여전히 실려 있어 기쁩니다. 저는 이 노래의 마지막에 다음과 같은 절을 썼습니다. "우리가 올바른 믿음의 위로에서 떨어져 나가지 않게 하소서. 주여 우리를 불쌍히 여기소서." 그러니 저는 이렇게 말하고 또 믿습니다. 이 삶의 모든 것이 미래의 그림자이고, 우리 하느님은 자비하신 구원자요 고통과 죽음에서 벗어나게 하는 구원자시니, 우리는 희망해도 좋습니다. 하느님은 우리가 태어날 때, 세상에서 생각할 수 있는 가장 큰 선물을 주셨습니다. 우리의 삶입니다. 하느님은 다시금 우리가 죽을 때, 하늘에서 생각할 수 있는 가장 큰 선물, 곧 영원한 삶을 주셨습니다. 그래서 우리는 그분께 우리 육체와 영혼을 맡길 수 있습니다. 그래서 우리는 마지막 순간이 왔을 때 세례 옷을 입고 하느님의 자녀로서 영원한 삶을 기다릴 수 있습니다.

진정, 저는 믿습니다. 주님이신 그리스도는 죽으시고 묻히셨습니다. 저도 그리될 것입니다. 주님이신 그리스도는 그 후 깨어나서 하늘에 오르셨습니다. 저도 그리될 것입니다. 우리 그리스도인은 죽음, 무덤, 죽어 썩은 고기가 아니라, 온전한 삶과 아름답고 흥미로운 정원과 천국을 봐야 합니다. 그곳에는 죽은 자가 아니라, 온전히 새로운 이들, 살아 있는 이들, 기뻐하는 이들이 있습니다. 이것을 저, 마르틴 루터 박사는 믿습니다.

그러므로 사랑하는 형제 프란치스코여, 우리가 마치 그저 하룻밤을 잔 것처럼 마지막 날에 다시 부활하여, 활기차고 건강하게 되리라고 믿읍시다. 우리의 교회들은 탄식의 집이 아니라 안식처입니다. 우리는 죽음과 무덤에서 슬픔의 노래, 고통의 노래가 아니라, 죄의 용서에 대한, 안식과 휴식에 대한, 그리스도의 삶과 부활에 대한 위로의 노래를 부르며, 그로써 우리 믿음을 강하게 합니다.

이 믿음으로 저는 살고 있고, 이 믿음에서 저는 죽을 것입니다. 이 믿음에서 저는, 제가 죽기 며칠 전에 말한 것처럼 이렇게 말할 수 있습니다. "만약 제가 비텐베르크에 있는 집에 돌아온다면 저는 저를 관에 눕혀, 구더기에게 살찐 박사를 먹이로 내줄 것입니다." 악마는 제게 죽음을 약속했으나 알맹이가 없는 호두를 씹을 것입니다. 저는 하느님의 좋은 두 손에 저를 맡길 것이기 때문입니다.

저는 이를 믿고 또 고백합니다.

당신의 형제 마르틴이
비텐베르크에서

복음의 기쁨

사랑하는 형제 마르틴에게,

믿음과 사랑과 희망, 이 세 가지 '신적 덕행'과 더불어 다른 덕행, 곧 예지와 정의, 용기와 절제는 우리 삶의 방향을 위한 안내자입니다. 앞선 세 덕행에 관해 우리가 상세히 살펴보았습니다. 저는 이 세 덕행에 한 가지 태도를 보태려고 합니다. 그리스도인의 삶에 반드시 각인되어야 할 그 태도는 곧 기쁨입니다. 기쁨은 믿음과 사랑과 희망에서 생겨납니다. 믿음의 기쁨, 사랑의 기쁨, 희망의 기쁨이 그것입니다. 그리고 저는 기쁨을 진정한 그리스도인의 표시라고 생각합니다.

사랑하는 형제 마르틴이여, 그러니 기쁨을 이야기합시다. 당신은 때로 잘못과 죄, 후회와 참회와 용서, 그리고 죽음과 사탄에 붙들려 있는 것처럼 보입니다. 우리가 형제이니 말하겠습니다. 제가 보기에는 당신의 생각이 너무 어둡고 우울합니다. 그리스도인의 기쁨, 이것이 결정적인 것인데도 너무 약하게 빛나고 있습니다.

그리스도인의 기쁨은 다른 게 아니라, 복음의 기쁨, 우리 주님이요 구원자인 예수님에 대한 소식의 기쁨입니다. 그래서 저는 교회에서 일하는 이들과 평신도들에게 전하는 저의 첫 교황 권고에서 복음의 기쁨을 말했습니다. 진정 우리 그리스도인은 우리 삶을 형성하고 삶에 새길 수 있는 커다란 기쁨을 가지고 있습니다. 제 권고의 서론은 다음과 같습니다.

"복음의 기쁨은 예수님을 만나는 모든 이의 마음과 삶을 가득 채워 줍니다. 예수님께서 주시는 구원을 받아들이는 사람들은 죄와 슬픔, 내적 공허와 외로움에서 벗어나게 됩니다. 예수 그리스도와 함께 있는 기쁨이 끊임없이 새로 생겨납니다"(『복음의 기쁨』 1항). 그다음에 저는 구약성경이 끊임없이 구원의 기쁨을 예견했음을 언급했습니다. 예언자 이사야가 전한 바와 같이, 메시아의 시대에는 기쁨이 넘쳐 날 것입니다. "당신께서는 즐거움을 많게 하시고 기쁨을 크게 하십니다. 사람들이 당신 앞에서 기뻐합니다"(이사 9,2).

환시 중에 이사야는 시온 산에서 열릴 잔치를 이야기합니다. 주 하느님이 모두를 위해 마련하실 그 잔치에서는 온통 기쁨이 넘칩니다. "만군의 주님께서는 이 산 위에서 모든 민족들을 위하여 살진 음식과 잘 익은 술로 잔치를 베푸시리라. 그분께서는 죽음을 영원히 없애 버리시리라. 주 하느님께서는 모든 사람의 얼굴에서 눈물을 닦아 내시리라"(이사 25,6.8). 또한 환시 중에 예언자 스바니야도 하느님이 몸소 기쁨의 중심이 되시는 모습을 이야기합니다. "주 너의 하느님, 승리의 용사께서 네 한가운데에 계시다. 그분께서 너를 두고 기뻐하며 즐거워하신다. 당신 사랑으로 너를 새롭게 해 주시고 너 때문에 환성을 올리며 기뻐하시리라"(스바 3,17).

이러한 생각은 찬가로 신앙을 고백하는 마리아와 연결시킬 수 있습니다. "내 영이 내 구원자 하느님을 반겨 신명이 났습니다"(루카 1,47). 그리고 예수님 당신도 제자들에게 이 기쁨을 약속하셨습니다. "여러분은 슬퍼하겠지만 여러분의 슬픔은 기쁨으로 바뀌게 될 것입니다. 내가 다시 여러분을 보게 되면 여러분의 마음이 기뻐하게 될 것이고 그 기쁨을 아무도 여러분에게서 빼앗지 못합니다"(요한 16,20.22).

물론 삶에 기쁨이 없는 사람들도 있습니다. 사람들에게는 갖가지 근심이 있으며, 온갖 일, 견디기 어려운 일, 고통, 질병, 장애, 상실의 아픔, 미래에 대한 불안 등도 있습니다. 그럼에도 — 그리고 그 때문에 — 복음이 전해지는 것입니다. 이는 마치 들에 나가 있는 목자에게 천사가 복음을 선포한 것과 같습니다. "두려워하지 마시오. 이제 모든 백성에게 큰 기쁨이 될 복음을 여러분에게 알립니다"(루카 2,10). 따라서 "부활 시기 없이 사순 시기만 살아가는 것처럼 보이는"(『복음의 기쁨』 6항) 그리스도인들이 있어서는 안 됩니다. 언제나 부활의 기쁨이, 그리스도의 승리에 대한 기쁨이 죽음을 넘어서 빛나야 하고, 내세의 기쁨이 현세의 삶에 전해져야 합니다.

저는 이런 내면의 기쁨을 저의 수호성인인 아시시의 프란치스코에게서 깨달았습니다. 온갖 가난에도 온갖 고통에도 그는 늘 기뻐했습니다. 그는 내적 기쁨에 사로잡혀 있었고, 이런 기쁨은 그로 하여금 ─ 심지어 노년에도, 눈이 완전히 멀었을 때도 ─ 「오, 저의 주님 찬미합니다」(Laudato si, o mi signore)를 부르게 했습니다. "오, 저의 주님. 당신께서 창조하신 이 많은 업적을 찬미합니다. 태양과 그 빛을, 물과 그 생명력을, 모든 민족의 모든 사람을 찬미합니다. 죽음과 삶을 찬미합니다." 그는 작은 형제이자, 기뻐하는 형제이며, 어둠 속에 있는 이에게 빛을 주고, 슬퍼하는 이에게 기쁨을 주며, 절망에 빠진 이에게 희망을 주는 형제였습니다. 그리고 그는 이 모든 것들을 복음에 따라 행했습니다.

하지만 그리스도를 믿는 이들 중에 어떤 이들은 이런 기쁨의 대척점에 있습니다. 당신도 조금은 그렇지 않습니까? 그들에게 그리스도의 소식은 구원과 기쁨이 아니라, 불안과 압박을 줍니다. 죄에 따른 벌과 지옥 불에 대한, 심판과 파멸에 대한, 죽음과 사멸에 대한 톤안에 휩싸이는 것입니다. 여기에는 억압과 압박이 있고, 이로 인해 사람들은 위축됩니다.

하지만 이 모든 것들이 우리 그리스도인들의 선포에 각인되어서는 안 됩니다. 우리가 원하는 바는 불안이 아닌 희망을 전파하는 것, 어둠이 아닌 빛을 일으키는 것, 억압이 아닌 자유로 인도하는 것입니다. 물론 복음을 보면 참회와 회개를 독려하는 말씀이 아주 분명하게 있습니다. 하지만 자캐오를 생각해 보십시오. 복음에는 그런 회개가 잔치와 기쁨으로, 보편적 공동체의 향연으로 이어지는 실례 또한 있습니다. 예수님이 가져오신 복음에는 하느님의 자비와 박애가 각인되어 있습니다. 예수님의 복음은 건설적이고 해방적이며, 또한 그리스도인들이 결코 잊어서는 안 되는 기쁨을 선사합니다.

복음의 기쁨은 제 교황직에도 각인되어야 합니다. 사람들에게 다가갈 때 저는 재판관으로, 심판을 내리는 사람으로 가서는 안 됩니다. 제가 누구라고 그럴 수 있다는 말입니까? 사람들에게 다가갈 때, 저는 예수님의 뒤를 따르는 사람으로 가기를 원합니다. 바닥에 웅크리고 앉은 이들을 일으키고, 그들이 바로 서서 자유롭게 걷는 것을 도와주며, 복음의 기쁨을 통해 삶다운 삶으로 가는 길을 알려 주고 싶습니다. 위로부터 행하는 것이 아니라 모든 이들의 형제로서 행하고자 합니다. 교회가 만든 온갖 규정과 법률과 규칙으로, 사랑하는 형제 마르틴이여, 당신 또한 시달렸던 그것들로 사람들에게 무거운 짐을 지우는 것을 저는 원하지 않습니다. 저는 다른 것을 하고 싶어서 즉위 미사 강론 때 말했습니다. "모든 사람을 보호하는 것, 모든 사람을 부드러움과 사랑으로 돌보는 것은 희망의 지평을 여는 일이고, 구름을 뚫고 빛이 내리쬐게 하는 일이며, 희망의 따스함을 전하는 일입니다!"

희망과 기쁨은 서로 짝을 이룹니다. 흐망과 기쁨이 저에게 각인되었기에 당신에게도 그러기를 희망합니다.

당신의 형제 프란치스코가
로마에서

사랑하는 형제 프란치스코에게,

제가 잘못과 죄, 지옥과 악마에 붙들려 있고, 아마도 그래서 그리스도인의 기쁨은 너무 약하게 빛나고 있지는 않은가 당신은 추측했습니다. 제 삶의 초기에는 정말로 그랬습니다. 1520년에 펴낸「교회의 바빌론 포로살이에 대하여」에서 표현한 것처럼 저는 '로마 독재의 대단한 미신'에 붙들려 있었습니다. 그때 저는 수도자로서 규준과 금식과 일과에 갇혀 있었고, 죄와 멸망에 대한 생각에 갇혀 있었으며, 저의 행위로 죄를 덜고자 무진 애를 쓰고 있었습니다. 당시 저는 어둠 속에 잠혀 있었습니다. 그것은 교회 직권이 그리스도인들에게 요구하는 온갖 행위라는 어둠이었습니다. 그것들을 당신에게 다시금 나열할 필요는 없을 것입니다.

그때는 '의롭다', '하느님의 의로움'이란 말을 듣기만 해도 겁을 먹었습니다. 그러나 수도원 탑실에서 로마 신자들에게 보낸 편지를 읽었을 때 ― 이에 관해 이미 언급했습니다 ― 제게 전환기가 왔습니다. 이제는 제가 교황의 법이 아니라 그리스도의 법 아래 있었습니다. 그리고 저는 깨달았습니다. "교황의 십자가는 그리스도의 십자가와 같은 가치를 가지고 있지 않다"라는 것을 말입니다. 이것을 저는 대사에 대한 95개조 명제로 설명했습니다. 저의 내면 저 깊은 곳에 저의 그리스도가 살고 있음을, 그리고 그로써 제가 살고 있음을 체험했습니다. 그러므로 저는 모든 사람들과 천사들의 생각보다 하느님의 말씀을 더욱 신중하게 숙고하려 했습니다. 저는 덧붙이는 것도 날조하는 것도 없이 '복음의 기쁨'을 사람들에게 전하기 시작했습니다. 이런 갈망은 아마 우리가 서로 비슷할 것입니다.

저는 더 이상 수도원 사람으로 있고 싶지 않았고, 모든 이들을 위한 기쁨의 종이 되기를 원했습니다. 바오로가 코린토 신자에게 보낸 둘째 편지에서 썼던 말씀을 저는 따랐습니다. "우리가 여러분의 믿음을 지배하려는 것은 아닙니다. 우리는 여러분이 기쁨을 누리도록 함께 일하는 동료일 따름입니다. 사실 믿음으로 말하면 여러분은 확고합니다"(2코린 1,24). 달리 말하자면 바오로는 조금 변화했습니다. 로마법의 자구는 사람들을 죽이지만, 복음의 정신은 살아나게 하고, 넘치는 기쁨으로 이끌어 줍니다.

언제나 저는 제 설교에서 기쁨을 이야기했고, 탁상 담화에서 이 주제를 계속 이어 갔으며, 또 말했습니다. "그리스도인은 기뻐하는 사람이 되어야 합니다. 하느님은 우리가 기뻐하기를 원하십니다. 그분은 슬픔을 싫어합니다. 물론 슬퍼하는 이들을 싫어하시는 것은 아닙니다. 그분이 우리에게 슬픔만 원하셨다면 해와 달을, 그리고 이 세상에 있는 다른 보물을 선사하시지 않았을 것입니다. 이 모든 것들을 그분은 우리가 기뻐하도록 주셨습니다.

그렇지 않으면 그분은 단지 암흑만 창조하셨을 테고, 그리고 해가 매일 뜨고 여름이 매번 오게 하시지는 않았을 것입니다." 사랑하는 형제 프란치스코여, 이 문장은 당신이 존경하는 아시시의 프란치스코가 부른 「태양의 노래」와 조금 비슷하지 않습니까? 세상에는 많은 일상의 기적이 있고, 또 그래서 우리는 기뻐해도 됩니다. 나날이 새로운 것에 대해 기뻐하는 것입니다.

반대로 슬픔과 우울은 죽음과 어둠의 주인인 악마에게서 옵니다. 만약 한 사람이 슬픔과 불안에 빠져 있다면, 당시 제가 그랬던 것처럼 그 사람은 자비롭지 못한 하느님상을 갖게 됩니다. 이런 슬픔과 불안은 분명 악마의 소행입니다. 하지만 저는 이를 알아차려, 이후 모두에게 알렸습니다. 우리 하느님은 슬퍼하지 않으시고 두려움에 놀라지도 않으시며 죽음을 불러오지도 않으신다고 설교했습니다. 그분은 생명의 하느님이기 때문입니다. 또한 사도도 그렇게 기록했습니다. "주님 안에서 항상 기뻐하시오. 또다시 말하지만 기뻐하시오. 여러분의 친절이 모든 사람들에게 알려지기를 바랍니다. 주님은 가까이 오셨습니다"(필리 4,4-5). 모든 기쁨과 위로와 평화, 선한 양심과 기쁜 마음은 하느님의 그리스도에게서 옵니다. 그리고 믿는 이로서, 저는 이를 저 스스로 힘겹게 배워야 했으며, 이제는 만족하며 말할 수 있습니다. "세상과 죄, 죽음과 지옥아, 만족한 나를 그대로 두어라! 너희는 내 안에 자리할 수 없다. 너희가 나를 살아 있도록 두지 않으려면 내 머리를 조용히 내리쳐라! 그것은 나를 해하지 못한다. 내게 다시 머리를 얹어 주실 분이 있기 때문이다."

그러니 기쁨이 조금도 없는 것은 그리스도인의 마음이라 할 수 없습니다. 사람은 기쁨이 있어야 합니다. 그렇지 않으면 그리스도인이 아닙니다. 물론 우리는 걱정거리가 있기 마련이고, 살기 위해 일을 해야 하며, 이 때문에 갖은 애를 써야 하되, 바른 방법과 바른 목적으로 해야 합니다. 하지만 사람은 그저 일만 아니라, 잔치와 안식으로 하느님을 섬길 수 있고, 아마 다른 것들보다 잔치와 안식으로 하느님을 더 잘 섬길 수 있을 것입니다.

설교자 솔로몬의 문장을 저는 기억합니다. "그래서 나는 즐거움을 찬미하게 되었다. 태양 아래에서 먹고 마시고 즐기는 것보다 인간에게 더 좋은 것은 없다. 이것이 하느님께서 태양 아래에서 인간에게 부여하신 생애 동안 노고 속에서 그가 함께할 수 있는 것이다"(코헬 8,15).

저는 음악을 사랑합니다. 첫째, 음악은 하느님이 주신 선물입니다. 둘째, 마음을 기쁘게 하기 때문입니다. 셋째, 악마를 물리칩니다. 넷째, 순수한 기쁨을 가져다줍니다. 그리고 그로써 분노와 교만이 사라지게 합니다. 그러니 그리스도인들이여, 노래하십시오. 온 마음으로 노래하면 마음이 기쁘고 즐거워지며, 용기가 생깁니다. 음악은 우울한 이들을 위한 최고의 청량제입니다. 노래와 음악을 통해 마음은 다시 편안해지고 후련해집니다.

또한 저는 먹고 마시는 것을 좋아하는데, 정말 아주 많이 그렇습니다. 한번은 제가 갈했습니다. "저는 보헤미아 사람처럼 먹어 치우고, 독일 사람처럼 들이킬 수 있음에 하느님께 감사드립니다. 아멘." 먹고 마시는 것도 우리가 기뻐해야 할 은총입니다. 그리고 특히 포도주는 생기가 돌게 하고 기쁨을 불러오니 땅 위의 모든 결실 중에 가장 고귀한 것입니다.

사랑하는 아내 캐테와 사랑하는 제 아이들을 저는 진심으로 아낍니다. 그들은 저에게 넘치는 즐거움이자 하느님의 크나큰 선물입니다.

사랑하는 형제 프란치스코여, 제가 즐겁고 행복한 삶을 싫어하지 않는다는 것을 이제는 알 것입니다. 삶의 초기에는 제가 수도자의 강압과 금식에 굴복했지만 이후에는 달랐습니다. 하느님이 우리를 위해 얼마나 아름다운 일들을 이 세상에 마련해 놓으셨는지 알았고, 우리가 그것들을 기쁘게 누릴 수 있음을 또 알았습니다.

그리스도인은 기뻐하는 사람이 되어야 합니다. 그렇지 않으면 악마의 시험에 들 것입니다. 그리스도인의 기쁨은 전적으로 믿음에서 옵니다. 하여 저는 말했습니다. "기쁨은 믿음의 박사 학위입니다."

믿음의 기쁨과 복음의 기쁨을 얻기 바랍니다.

당신의 형제 마르틴이

비텐베르크에서

유다인과 터키인에 대해

사랑하는 형제 마르틴에게,

당신은 기쁨에 관해, 당신 삶의 발전과 변화에 관해 인상 깊게 썼습니다. 당신의 생각이 성경에 얼마나 깊게 뿌리내려 있는지 저는 때로 깜짝 놀라고는 합니다. 그리고 온갖 외적인 것들로부터 해방된 믿음, 오직 그리스도만 척도로 삼는 믿음을 위한 당신의 부단한 노력도 놀랍습니다. 더 정확히 말하자면 저는 당신을 그리스도 안에서 형제로 인정하고 있습니다. 여기 로마에서는 꽤 많은 사람이 제가 당신을 어떤 식으로든 심판하기 바라지만 저는 거절하겠습니다.

하지만 저는 중요한 부분에서 혼란스럽습니다. 게다가 조금은 끔찍합니다. 이것은 교황권에 대한, 터키인에 대한, 특히 유다인에 대한 당신의 논박과 관련이 있습니다. 교황권에 관해서는 이미 대화를 나누었으며, 당신의 논박도 잊었습니다. 당신과 결국 여러 공통점을 찾았기 때문입니다. 그리고 제 생각으로 당신은 저의 봉사가 당신 시대 교황들의 권력 행사와는 비교할 수 없음을 인정해 주었습니다.

터키인에 관해서는, 물론 당신의 눈앞에 있는 것은 당신 시대의 상황입니다. 1526년 헝가리 남부 국경에서 벌어진 모하치 전투에서 오스만 튀르크군은 헝가리군을 궤멸했습니다. 단지 3년 만에 오스만군은 거대한 도시 빈을 첫 번째로 공격했고, 3주 동안 포위했습니다. 모든 서양인이 터키인에 대한 두려움과 무서움에 떨었습니다. 이런 상황에서 당신이 터키인을 단지 유럽 국가에 대한 위협만 아니라, 그리스도인의 믿음에 대한 위협으로 간주했던 것도 공감이 갑니다. 또한 침략자에 맞서 온 힘을 다해 싸울 것을 황제의 군사들에게 요청한 것도 이해는 합니다. 하지만 당신은 모든 불행을 무조건 무슬림 탓으로 돌리고 있습니다. 그리스도인 군사들은 마치 다르게 행동하는 양 무슬림의 살인과 약탈을 비판하고, 무슬림의 이혼도, 네 명의 아내를 둘 수 있는 것도 비판했습니다. 그리스도인 부부들은 그러면 아무런 문제가 없습니까? 무슬림이 예수님을 이 세상의 구원자로 생각하지 않기 때문에, 그들에게는 어떠한 올바른 믿음도 있지 않다고 당신은 말합니다. 당신이 지은 노래에 따르면 그들은 그래서 세상의 불행입니다. "주님, 우리를 지켜 주소서. 당신 말씀으로 교황을 이끌어 주소서. 살인자 터키인들이 당신의 아들 예수 그리스도를 왕

좌에서 끌어내리려 합니다."

사랑하는 형제 마르틴이여, 실례지만 이는 무슬림과 이슬람을 정당하게 평가하지 않는 싸구려 논박, 얄팍한 논박입니다! 이슬람이란 개념을 당신을 잘 모르는 것 같습니다. 아랍어로 이슬람이란 말이 뜻하는 것처럼, 이 종교에서는 '하느님에 대한 헌신'을 행하고 있음을 당신은 그 어떤 곳에서도 다루지 않았습니다. 아마도 무함마드와 이슬람에 관해 많은 것을 알지는 못했을 것이기 때문에, 누구도 당신을 질책할 수는 없습니다. 하지만 무슬림을, 당신이 말한 것처럼 다른 무슬림은 알지 못하니 터키인을 가혹하게 판단한 것은 옳지 않습니다. 사랑은 어디에 있습니까? 원수에 대한 사랑은 어디에 있는 것입니까?

더 나쁜 것은 당신 시대의 유다인 시민과 유다교 전반에 대한 당신의 도를 넘은 고발입니다. 물론 당신의 신학적 사고에서 본다면 우리들의 복음과 유다인의 신뢰에는 확실한 차이가 있습니다. 그들은 모세의 율법을 가능한 한 엄격하게 지켜 하느님의 뜻에 어긋나지 않으려 합니다. 당신에게 복음과 율법의 대립은 바오로에게 근거를 둔 양자택일 논리입니다. 당연히 그리스도인으로서 제 눈에도 신학적 차이가 보이기는 합니다. 하지만 이것이 극단적 논박으로 이어져야 하는 것은 아닙니다.

당신이 1543년에 쓴 「유다인과 그들의 거짓말」을 읽고 저는 심한 충격을 받았습니다. 당신의 이 글이 끼친 영향과 당신의 반유다 사상을 제가 20세기에 알았기 때문입니다. 독일 나치 정권이 저지른 유다인 학살, 곧 쇼아(Shoah) 혹은 홀로코스트가 다름 아닌 당신의 말과 연관이 있습니다. 믿음이 깊은 당신이 그런 사악한 독재 국가를 만들지는 않았지만, 당신의 말과 글은 사악한 범죄의 증거로 쓰였고, 그 범죄는 지금껏 알려진 그 어떤 것도 넘어서는 것이었습니다. 그리고 '독일의 그리스도인'이라 불리는 개신교 그리스도인이 유다인을 박해할 때 당신을 증인으로 끌어냈고, 이것은 한 번도 부당하게 여겨지지 않았습니다. 당신이 유다인에 대해 쓴 그 글이, 곧 유다인 학살의 청사진이기 때문입니다. 끊임없이 그리스도인에 의해, 또한 그리스도교 교회에 의해, 그러다 결국은 나치에 의해 대량으로 자행된 학살 말입니다.

　당신은 말했습니다. "유다인과 관련하여 진심 어린 조언을 하려고 합니다. 첫째는 그들의 회당과 학교에 불을 지르고, 타지 않은 것에는 그 무엇도, 돌멩이 하나나 그 부스러기도 영원히 안 보이게 흙으로 덮어 버리고 흩뿌려야 합니다." 1938년 '박해의 밤'에, '수정의 밤'으로 미화되는 그날 밤에 정확히 같은 일이 일어났습니다. 당신은 또 말했습니다. "다른 한편으로 그들의 집을 똑같이 때려 부숴 파괴해야 합니다. 셋째는 우상숭배, 거짓, 저주, 신성모독을 가르치는 기도서와 탈무드 학자를 그들에게서 죄다

축출해야 합니다." 그리고 나치의 악몽은 1933년 '베를린 분서'와 함께 시작되었습니다. 끝으로 이런 말도 했습니다. "넷째는 랍비들이 가르치는 것을 철저히 금지해야 합니다. … 여섯째는 모든 돈이나 금과 은으로 된 귀중품을 빼앗아야 합니다." 절멸 수용소에 가서 유다인들이 죽기 직전 가스실에서 모든 소지품을 빼앗기는 모습을 상상해 본다면, 당신의 말에 등 뒤로 식은땀이 흐를 것입니다.

이 주제에 관해서는 이로써 충분하며, 그저 끔찍할 뿐입니다. 분명 당신은 구린 데가 있는 것은 가톨릭도 똑같다고 말할 것입니다. 저는 쓰라리게 인정합니다. 그것은 사실입니다. 하지만 저는 이 편지의 말미에서 제2차 바티칸 공의회 문헌에서 찾은 관점을 당신에게 제시하려 합니다. 거기에는 그리스도교가 아닌 다른 종교에 대한 설명이 있는데 무슬림, 유다인과 다른 식으로 관계를 맺는 법을 가르쳐 줍니다. 몇 문장만 인용해 보겠습니다.

"가톨릭 교회는 이들 종교에서 발견되는 옳고 거룩한 것은 아무것도 배척하지 않는다. 그것이 모든 사람을 비추는 참진리의 빛을 반영하는 일도 드물지는 않다"(「우리 시대」 2항). "교회는 또한 무슬림도 존중하고 있다. … 거룩한 공의회는 과거를 잊어버리고 서로 이해하도록 진심으로 노력하기를 모든 사람에게 권고한다"(「우리 시대」 3항). "마치 성경의 귀결이듯이, 유다인들을 하느님께 버림받고 저주받은 백성인 것처럼 표현해서는 안 된다. 교회는 유다인들에 대한 온갖 박해와 증오와 반유다주의 시위를 통탄한다"(「우리 시대」 4항). "인종이나 피부색, 신분이나 종교를 이유로 한 온갖 인간 차별과 박해를 교회는 배척한다"(「우리 시대」 5항).

사랑하는 형제 마르틴이여, 증오와 논박이 아니라, 이런 생각과 자세가 그리스도인에게 각인되어야 합니다. 이에 관해 한번 생각해 보기를 청합니다.

당신의 형제 프란치스코가
로마에서

사랑하는 형제 프란치스코에게,

당신의 편지에 답장을 쓰기가 어렵습니다. 당신은 진정 아픈 상처를 건드렸습니다. 그 일을 회상할 때면 저 자신이 부끄럽기만 합니다. 아마도 성전에 관한 시편 작가의 말에 영향을 받아서 그런 행동과 날카로운 발언을 했던 것 같습니다. 시편 작가는 말했습니다. "당신 집에 대한 열정이 저를 불태웠습니다"(시편 69,10). 저는 이렇게 말할 수 있습니다. "당신 말씀에 대한 열정이 저를 불태웠습니다." 실로 저는 사랑이 없는 행동, 그리스도인답지 않은 행동으로 잘못 빠졌습니다.

그럼에도 저는 당신의 관점을 조금은 달라지게 할 수 있는 몇 가지에 대해 나열하려 하며, 이것을 당신이 말한 순서와 똑같이 교황, 터키인, 유다인 순으로 말하겠습니다.

저의 비판에 대해 당신은 제 시대의 교황들과 선을 그었습니다. 간음의 알렉산데르 6세, 권력과 전쟁의 율리오 2세, 사치와 허영의 레오 10세 같은 자들이나, 하느님의 백성을 각자의 방식으로 착취한 자들과 당신은 다르다고 했습니다. 그들에게는 로마의 모든 직무자들에게와 마찬가지로 저의 비판이 유효합니다. 로마의 그들은 복음이 아닌 악마의 직무자였습니다. 이제 저는 확신합니다. 분명히 당신도 그러한 상황에 대해 같은 식으로 비판을 가했을 것이고, 복음 날조에 맞서 온 힘을 다해 저항했을 것입니다. 그리고 당신 시대의 교황직이 달라진 것도 사실입니다. 당신 개인과 당신이 직무를 수행하는 모습을 보면 확실히 알 수 있습니다.

여기까지가 교황에 대한 것입니다. 둘째는 터키인에 대한 것입니다. 저는 제 시대의 자녀입니다. 저는 다른 모든 유럽인들과 마찬가지로 두려움에 떨었습니다. 터키인들이 피비린내 나는 돌격을 하든, 발칸반도에서 어떤 성공을 거두든 저는 두려웠습니다. 전쟁과 기아가 만연하던 당시 우리에게는 이 모든 것들이 하느님과 그 천사들이 개입하기에 앞서 악마가 이 땅에서 권력을 넘겨받는 종말론적 사건이었습니다. 로마의 동쪽 콘스탄티노플은 이미 터키인의 손에 들어갔습니다. 이제는 합스부르크 왕가의 도시, 곧 신성로마제국의 도시 빈까지 위협받았습니다. 그리스도인을 해치려고 악마가 무함마드를 유혹했다고, 무슬림의 책 쿠란이 복음과 대립하는 악마의 업적이라고 제가 크게 소리쳤던 것도 놀라운 일이 아닙니다. 다른 이들도 다 그렇게 했습니다.

당신이 알고 있을지 모르겠지만, 저는 성경만 독일어로 번역한 것이 아니라, 쿠란의 여러 부분도 번역을 했으며, 이 과감한 시도를 한 첫 사람입니다. 물론 저는 성경 번역을 위해 히브리어와 그리스어를 할 수 있었지만, 쿠란을 위해 아랍어를 할 수는 없었습니다. 저는 리콜두스의 라틴어 번역본에 의지했고, 이것이 비록 논쟁거리도 보이기는 했어도 제게는 다른 가능성이 없었습니다. 쿠란을 (적어도 부분적으로나마) 독일어로 읽을 수 있다는 것이 제게는 중요했습니다. 그러면 그 문장들이 스스로 말을 할 것이며, 모든 독자가 그 파멸적인 소식과 복음의 구원 소식을 비교할 수 있기 때문입니다.

제가 터키인의 믿음을 모조리 다 거부하는 것은 결코 아닙니다만, "한 분이신 하느님 외에 다른 하느님은 없다"라는 그들의 신앙고백이 제게는 기이하게 들립니다. 하느님은 하느님이라고 하는 것은, 마치 "이것이 당나귀이기 때문에, 이것은 당나귀가 아니다"라고 하는 것처럼 별다른 의미가 없습니다. 당나귀가 소나개가 아니라는 것을 사람들은 알고 있습니다. 또한 무함마드가 하느님께서 보내신 사람이라는 것도 저는 믿을 수가 없습니다. 그는 마흔 명이나 되는 여인으로도 성에 차지 않은 오입쟁이였다고 적어도 제 시대에는 이야기했습니다. 아니, 이것과 더불어 저에게 결정적이었던 것은 예수님이 하느님의 아들이 아니라, 그저 — 전적으로 공경하올 — 하느님의 예언자요 무함마드의 선구자로 알려졌던 것입니다. 그리스도를 부정하는 사람은 하느님께 다다르지 못한다는 것이 저의 생각이고, 제 시대 많은 사람의 생각입니다. 제가 알고 있는 것은 유다교와 이슬람밖에 없지만, 다른 종교에 대해 당신들의 공의회가 그토록 관대한 것이 저는 놀라우면서 또한 엄청나게 혼란스럽습니다. 하지만 시대는 변하고, 사람들의 생각도 변하기 마련입니다.

이제 제가 썼던 가장 끔찍한 것에 대해,「유다인과 그들의 거짓말」이란 책에 대해 말하겠습니다. 저의 고향 선제후국 작센에는 유다인이 그리 많지 않았으며, 1536년부터는 이 지역에 그들이 결코 머물러서도, 지나가서도 안 되었습니다. 저는 유다인과 교류가 별로 없었습니다. 1525년에 몇몇 랍비를 만나서 성경에 관해, 성경의 목적인 예수님에 관해 토론을 벌였으나 성과는 없었습니다.

하지만 유다인의 사상은 제게 그리 멀리 있는 것이 아닙니다. 저는 히브리어와 히브리어 성경을 애정을 가지고 열심히 공부했으며, 그렇게 해서 유다인의 신앙과 율법에 관해 많은 지식을 쌓았습니다. 개혁 활동 초기에는 유다인들을 크게 환대하여 그리스도에 대한 믿음을 받아들이도록 자극할 수 있을 것이라고 생각했습니다. 하지만 그들은 그 어떤 변화도 없이 신앙을 지켰고, 제 희망은 부서진 채로 남았습니다. 이런 맥락에서 저는「예수님은 출생부터 유다인이었다」라는 글을 썼고, 여기에서 유다교와 예수님의 관계를 언급했습니다. 그리고 다음과 같이 알렸습니다. "저는 단 한 분이신 유다인을 믿습니다. 그분은 예수 그리스도라 불리는 분입니다." 물론 다른 유다인에 대해서는 저는 믿지 않았습니다. 유다인은 거부되어 하느님께 버림받은 것이라고 점점 더 생각하게 되었습니다. 저에게 그리스도교와 유다교의 관계는 아벨에게는 카인이, 이사악에게는 이스마엘이, 그리스도에게는 유다가 있는 것과 같은 이치입니다.

저는 그리스도 이러로 흘러간 수백 년을 돌아보았습니다. 여러 책에서 유다인의 운명에 대해 읽을 수 있었습니다. 유다인은 끔찍한 운명을 맞지 않았습니까? 하느님은 당신의 백성 이스라엘을 떠나셨고, 가혹한 벌을 내리셨습니다. 새 계약이 옛 계약을 대신했던 것 아니겠습니까? 그래서 저는 그 당시 다른 식으로 생각하지 않았고, 다른 관점을 찾을 수 없었습니다.

만약 당신이 제 앞에 거울을 들이미는 동시에, 당신 교회의 잘못에 침묵하지 않을 뿐 아니라 마음 깊이 한탄한다면, 제가 섬뜩한 길, 그릇된 길에 있었음을 저도 알게 될 것입니다. 마치 신실하고 자비하신 하느님이 당신께서 선택하신 백성을 밀어내고 적으로 대하시는 것처럼 말입니다! 마치 예수님이 유다인이 아니셨고, 유다인으로 머물러 있지 않으시는 것처럼 말입니다! 마치 제자들과 사도들, 바오로와 다른 이들이 유다인이 아니었고, 유다인으로 머물러 있지 않은 것처럼 말입니다! 하지만 그들은 예수 그리스도에 대한 새로운 믿음과 함께했습니다.

이제 제게 남아 있는 것은 용서를 청하는 일뿐입니다.

당신의 형제 마르틴이
비텐베르크에서

일치와 다양성에 대해

사랑하는 형제 마르틴에게,

우리는 지난 편지에서 유다인과 터키인에 대해, 무슬림에 대해 대화를 나누었습니다. 다양한 민족과 문화와 종교가 함께 있는 오늘날의 세계를 바라보는 시야가 넓어졌습니다. 물론 이 모든 것들이 당신 시대에는 결코 현실적이지 않았습니다. 당신들이 아직 꿈꿀 수 없던 세계화나 편리한 교통, 신속한 통신과 마찬가지입니다. 1492년 크리스토퍼 콜럼버스가 유럽을 위해 아메리카를 '발견'했을 때, 그리고 그로써 새로운 세계가 서서히 개척되었을 때 당신은 겨우 아홉 살이었습니다. 하지만 이것은 당신의 일에 아직은 아무런 의미가 없었습니다. 아마도 그 당시 당신들은 아시아에 관해서는 어느 정도 알고 있었지만, 사하라 이남 아프리카 사람들에 관해서는 포르투갈 선박들을 통해서만 이제 막 알기 시작했을 것입니다. 그러니 중부 유럽에 사는 당신과 당신의 동시대인들이 그 당시 세계를 그리스도교로 각인된 서유럽으로만 이해했던 것도 납득이 갑니다. 유럽 동부는 정교회 그리스도인과 발칸반도에서 늘어나고 있던 무슬림의 영향 아래 있었고, 당신들은 그들과 교류가 별로 없었습니다.

오늘날은 다르며, 저 자신이 좋은 실례라고 할 수 있습니다. 교황으로 선출된 직후 저는 말했습니다. '추기경들은 새로운 로마 교황을 찾으려고 세상 끝까지 가야 했습니다.' 여기서 세상 끝이란 것은 유럽에서 부에노스아이레스까지 가는 거리만 아니라 다른 생활 방식, 다른 생각, 다른 풍습, 다른 의식을 의미합니다. 저는 라틴아메리카 사람이지, 유럽 사람은 아닙니다.

오늘날 우리가 살고 있는 세계를 결정하는 것은 각양각색의 전통과 사회 형태, 경제 체제입니다. 또한 이에 더해 크고 작은 종교들은 저마다의 신앙으로 이루어진 다채로운 조각 누비 같습니다. 이제 그리스도교는 하나의 일치된 세상에서 살고 있지 않습니다. 여러 주장들이, 여러 종교들이 저마다 목소리를 내고 있는 상황에서 완전히 새로운 방식으로 대처해야 합니다. 이것은 전에 없던 현실입니다.

교황 권고에서 저는 이러한 발전을 이렇게 표현했습니다. "교회는 하느님의 백성입니다. 이는 인류 가운데에서 하느님의 누룩이 되는 것을 의미합니다. 이는 다양한 모습을 지닌 백성입니다. 하느님의 백성은 이 세상의 다양한 민족들로 구체화되며, 이 민족들은 저마다 자신의 역사 안에서 정당한 자율성을 가지고 발전시킨 고유문화를 가지고 있습니다. 그리스도교는 단순히 하나의 문화적 표현이 아닙니다. 교회는 다양한 모습을 한 아름다움 안에서 참다운 보편성을 보여 줍니다. 올바로 이해된 문화적 다양성은 교회의 일치에 위협이 되지 않습니다. 하느님은 예수님 안에서 사람이 되셨습니다. 그리스도교를 단일 문화적이고 천편일률적인 것으로 생각한다면, 우리는 강생의 논리를 올바로 받아들이는 것이 아닙니다"(『복음의 기쁨』 114-117항).

사랑하는 형제 마르틴이여, 교회의 일치와 교회의 외적 획일은 아주 다른 문제입니다. 삼위일체 하느님과 주님이신 예수에 대한, 세례와 성찬에 대한 원칙적 고백 안에서 — 당신 교리문답에서 다루었던 그 점에서 — 교회의 일치는 예수님의 뜻에 따라 포기할 수 없는 것입니다. 하지만 우리가 이것을 강요할 수 없기에 저는 다음처럼 썼습니다. "우리는 모든 대륙의 민족들이 그들의 그리스도 신앙을 표현하면서 유럽 국가들이 그들 역사의 특정한 시기에 발전시킨 표현 양식을 따르라고 주장할 수 없습니다. 신앙은 어느 특정 문화의 이해와 표현의 한계에 갇힐 수 없는 것이기 때문입니다. 단 하나의 문화가 그리스도의 구원 신비를 완전히 담아내지 못한다는 것은 논란의 여지가 없습니다"(『복음의 기쁨』118항). 그래서 유럽 문화가 그리스도교를 많은 점에서 로마-게르만적으로 강하게 꼴지었지만 이것은 종착점이 아니고 그리스도교의 유일한 신앙 형태도 아닙니다.

우리가 전에 썼던 비유를 다시 들겠습니다. 유럽이란 병은 그리스도교의 내용을 표현하고 보존하는 유일한 형태일 수 없습니다. 우리 시대에는 라틴아메리카, 아프리카, 인도, 중국, 그리고 많은 다른 병들이 있어야 합니다.

그러니까 전통이란 것은 어떤 내용을 새로운 시대와 문화로 넘겨주고 전해 주게 되는데, 이러한 일은 획일적이지 않은 다양한 형태로 이루어집니다. 교회가 다양한 얼굴을 유지하도록, 각각의 지역 교회가 더 큰 책임과 더 많은 자유를 가지면서 나름의 방식으로 믿음을 실천하도록 저는 온 힘을 다하겠습니다. 모든 질문과 결정의 중심이 로마인 것은 잘못된 일이라고 저는 생각합니다. 우리는 로마 교회가 되어서는 안 됩니다. 여기 로마에서 몇몇 인사들이 생각을 바꿔야 할지라도, 우리는 진정으로 세계 교회가 되어야 합니다. 나는 그들에게 이것을 요구하고 있습니다.

'새로운 사유를 향한 발전'과 '새로운 영역을 향한 출발', '로마라는 하나의 얼굴을 가진 교회에서 다양한 얼굴을 가진 교회로의 변모'는 예수님의 말씀과도 일치합니다. "아무도 새 포도주를 헌 가죽 부대에 넣지 않습니다"(루카 5,37). 우리는 그리스도 고백이란 포도주를 계속해서 보존하되, 다양한 민족과 문화를 이해하며 이 일을 행해야 합니다.

　이 모든 것은 우리의 대화에도 중요한 가치가 있습니다. 교회가 다양한 얼굴을 가지게 되면, 일치와 획일은 다른 것임을 깨닫게 되면 우리의 교회들 사이에서 일치적 대화를 위한 새로운 전망이 열립니다. 우리들 가톨릭은 로마의 얼굴로 돌아갈 것을 당신들 개신교에게 요구할 수 없습니다. 그리고 반대로 당신들은 우리들에게 당신들 교회로 '개혁'할 것을 요구할 수 없습니다. 물론 우리들에게도 교회 개혁은 몹시 필요하지만, 당신들이 16세기에 했던 것과는 아주 다른 방식일 것이라고 저는 말하겠습니다. 아니, 저의 전망은 이렇습니다. 개신교와 가톨릭의 그리스도인들, 그리고 잊어서는 안 될 정교회의 형제들이 다 함께 다양한 얼굴을 가진 공동체를 형성하고, 내적 본질, 곧 그리스도에 대한 고백 안에서 일치를 이루는 것입니다. 내적 일치와 외적 다양성은 사람들의 다양한 사고방식과 생활양식에도 더욱 부합할 것입니다. 그러니 비유를 들자면 가톨릭이란 병, 개신교란 병, 정교회란 병, 이 모든 병들은 같은 내용을 담고 있습니다. 다름 아닌 그리스도입니다.

　다양한 얼굴을 가진 교회를 향해 함께 출발한다면, 성경을 척도로 삼으면서 가장 깊은 곳으로부터, 곧 하느님을 향한 신뢰와 그리스도에 대한 믿음으로부터 쇄신한다면 지난 오백 년 동안 이어 온 고통스러운 분열과 끊임없는 갈등도 극복할 가능성이 있지 않겠습니까? 무엇보다 교황의 임무는 서로 다른 사람들 속에서 일치를 보존하는 것이라고 말하고 싶습니다.

당신의 형제 프란치스코가
로마에서

사랑하는 형제 프란치스코에게,

당신의 마지막 편지에 저는 여러모로 매혹되었습니다. 한편으로 저는 당신에게 감탄했습니다. '세상 끝에서' 온 당신은 이곳 유럽에 무사히 적응했습니다. 물론 당신의 선대가 이탈리아에서 왔고, 당신이 적어도 언어적으로는 로마에서 특별한 어려움이 없으니 한결 수월했을 것입니다. 그렇지만 문화적으로 ― 당신이 언급한 것처럼 ― 바다를 건너는 일은 큰 변화였을 것입니다. 라틴아메리카 남부에서 유럽 남부로 말입니다. 그래도 당신이 두 문화권을 잘 알고 있는 덕에 먼 곳에 다다를 수 있었던 것처럼 보입니다. 당신은 로마적 사고에, 로마 교황청의 폐쇄된 무리에, 선임자들의 정체된 신학적 사고에 붙잡혀 있지 않습니다. 아니, 놀랍게도 좋은 모습을 끊임없이 보여 주고 있습니다.

이런 점에서 당신의 자세는 개혁자의 자세이고, 또한 저의 자세와 비슷합니다. 우리는 전승된 것을, 그리고 복음을 이해하는 데 방해가 되는 것을 그대로 수용하길 원하지 않습니다. 규정과 규칙과 명령이라는 틀이 우리를 끼워 넣도록 가만히 두지 않습니다. 그리스도인의 자유에 대해 이미 우리는 의견을 나누었고, 그것을 이해했습니다.

또한 저는 당신이 살고 있는, 당신 시대의 사람들이 살고 있는 새로운 세계에 매혹되었습니다. 제게는 정말로 상상조차 못할 일입니다. 새처럼 하늘을 난다는 것, 어떤 도구를 들어 수천 킬로미터나 떨어져 있는 사람의 목소리를 듣는다는 것, 어떤 기구를 들여다보며 다른 나라에 있는 일에 관여한다는 것이 제게는 완전히 상상할 수 없는 일입니다. 비록 우리도 기술적 발전을 이루었지만 말입니다. 가령 무엇보다 저에게는 요하네스 겐플라이슈, 곧 구텐베르크가 마인츠에서 발명한 활판 인쇄기가 중요했습니다. 제 글들을 빠르고 손쉽게, 게다가 적절한 가격으로 복제해서 배포할 수 있게 되었기 때문입니다. 그렇지만 이런 일도 당신들에게서 더 잘 진행되고 있는 것 같습니다.

그렇지만 무엇보다 제가 매혹된 것은, 또한 우리 둘에게 가장 중요한 것은 당신이 보여 준 전망입니다. 다양한 얼굴을 가진 교회, 일치를 보존하는 동시에 다양성을 실현하는 교회, 당신이 든 비유로 표현하자면 같은 내용을 담고 있으면서 다채롭고 서로 다른 병들입니다. 이것은 실로 새로운 단초로, 우리에게 계속해서 도움이 될 것이고, 분열을 극복하는 데도 기여할 것입니다. 그리스도교는 16세기가 아니라 11세기부터, 동방과 서방 교회가 각자의 길을 걸으며 저마다 서로 다른 것을 파문했던 그때부터 분열에 시달렸습니다.

그렇지만 일치와 획일을 명확히 구분해서 새로운 가능성을 연다는 생각이 새로운 것은 아닙니다. 제가 직접 찾아갈 수 없었던 1530년 아우크스부르크 제국의회를 기억해 보십시오. 저는 베스테 코부르크에서 가슴을 졸이며 결과를 기다렸습니다. 저는 편지로 조언을 주고받으며 제가 할 수 있는 부분에서 황제와 제후들의 만남, 르마의 대변자와 개혁의 대변자의 만남에 기여했습니다.

개혁된 의원들이 황제 카를 5세에게 제출한 아우크스부르크 신앙고백, 훗날 1555년 아우크스부르크 평화 협정의 기초가 된 그 고백에는 그리스도인의 믿음에서 가장 중요한 것이 28개조로 제시되어 있습니다. 여기서 7조가 교회에 대한 것인데 제 생각에는 이것이 당신의 지향과 일치합니다.

"교회에 관하여: 유일하고 거룩한 그리스도교 교회는 영원히 존재하고 존속할 것이라고 가르쳐야 합니다. 교회는 모든 믿는 이들의 모임으로, 그들은 복음을 순수하게 설교하고 성사를 복음에 맞게 행합니다. 그리스도교 교회의 진정한 일치를 위해서는 복음을 순수하게 이해하여 한뜻으로 선포하고, 성사를 하느님의 말씀에 맞게 행하는 것간으로 족합니다. 그리스도교 교회의 진정한 일치를 위혜 인간이 정해 좋은 의례를 어디서나 똑같이 지켜야 하는 것은 아닙니다. 바오로는 말했습니다. '여러분의 부르심을 보아도 여러분이 하나의 희망으로 부르심을 받은 것처럼 몸도 하나요 영도 하나입니다. 주님도 한 분, 믿음도 하나, 세례도 하나입니다'(에페 4,4-5)".

사랑하는 형제 프란치스코여, 이 고백에서도 그리스도인의 일치를 위해 포기할 수 없는 것과 인간이 정해 놓은 의례가 구분되어 있습니다. 그런 의례는 — 교회의 규정도 마찬가지입니다 — 다양한 형식으로 되어 있고, 또한 언제든 달라질 수 있는 것입니다. 우리는 이런 구분을 우리의 대화에서, 신학적 대화에서, 특히 그리스도인의 삶에서 분명히 해야 합니다. 무엇이 신성한 복음이고 무엇이 사람이 만든 규정인지, 무엇이 언제까지나 남아 있는 하느님의 말씀이고 무엇이 사람과 문화와 사회에 따라 달라지고 바뀔 수 있는 인간의 일인지 우리는 판단해야 합니다.

제 의도는 항상 다른 것이 아니었습니다. 유감스럽지만 일어나지 말았어야 할 분열이 일어날 정도로 서로 간의 대립이 심해졌습니다. 우리 두 사람이 그 당시 아우크스부르크에서 협의할 수 없었던 것이 안타까울 뿐입니다. 그랬다면 아마도 독일과 세계를 위한 훌륭한 평화 협정이 그곳에서 맺어졌을 것입니다.

다양성과 차이 속의 일치, 이것은 두 가지 의미에서 우리의 과제입니다. 하나는 일치를 보존하는 것으로 이 일은 아마도 특별한 방식으로 당신에게 부여된 과제일 것입니다. 다른 하나는 다양성을 유지하는 것으로, 지금 이 자리에서 제가 해야 할 과제입니다. 하지단 어떤 과제도 우리가 계속해서 형제로서 만나며, 한 아버지 아래서 형제자매로서 예수 그리스도를 함께 고백하는 데 방해가 되어서는 안 됩니다. 형제자매는 서로를 돌보기 마련입니다. 우리의 과제도 지난날의 갈등과 증오가 아닌, 사랑과 연대 속에서 서로를 돌보는 것입니다.

사랑하는 형제 프란치스코여, 한 분이신 예수님을 담은 그리스도교의 다치로운 병을 바라보며, 저는 새로운 시작을 원합니다. 이것은 편지를 주고받으며 서로를 깊이 알게 된 우리 두 사람만 아니라, 우리가 대표하는 두 교회를 위한 바람입니다. 그리스도인들 사이의 평화는 세계 평화에도 뚜렷이 기여할 것입니다.

다양한 얼굴을 한 교회 안에서 안부를 전합니다.

당신의 형제 마르틴이
비텐베르크에서

다양한 형제

사랑하는 형제 마르틴에게,

우리들은 하느님이 각자에게 마련해 놓으신 자리에서 평화를 위해 노력하고 있습니다. 여기에서 저는 서로 다른 위치나 임무는 문제가 되지 않는다고 생각합니다. 한편으로는 사람들이 사는 방식과 믿는 방식이 아주 다양해서, 이것이 그들의 믿음을 드러내는 형태에도 영향을 미칩니다. 다른 한편으로 저는 다음처럼 썼습니다. "다양성은 언제나 성령의 도움을 통하여 조화를 이루어야 합니다. 성령께서만 일치를 이루시면서 동시에 다양성, 다원성, 다중성을 키워 주실 수 있습니다. 다양성을 지향하는 주체가 우리 자신이 되면, 우리는 자기 안에 갇히고 배타적이 되며 분열을 조장할 것입니다. 이와 마찬가지로 우리가 우리의 인간적 계산으로 일치를 이루려 할 때, 우리는 결국 단일한 획일성을 강요하고 말 것입니다. 이는 교회의 사명에 도움이 되지 않습니다"

(『복음의 기쁨』 131항).

사랑하는 형제 마르틴이여, 그러므로 저는 일치를 다양성과 마찬가지로 성령의 업적으로, 곧 하느님이 원하시는 것으로 판단합니다. 곰곰이 그리고 찬찬히 생각해 보면 두 교회가 저지른 죄에도 불구하고, 첨예화된 갈등에도 불구하고, 또한 그로 인한 종교전쟁에도 불구하고 교회 개혁은 일치와 다양성의 균형을 다시 잡으시려 했던 하느님의 뜻일 수도 있습니다. 로마의 획일은 불고 싶은 데로 부시는 성령의 활동, 인간에게 각기 다른 은사를 주신 성령의 활동과는 어떤 식으로든 맞지 않습니다. 어떤 교파이든 상관없이 모든 그리스도인에게 필요한 것은 하느님의 영을 향해 마음을 새로 여는 것입니다. 그분의 영은 형제자매의 영이요 사랑의 영입니다. 이런 사랑에 대해 사도 바오로는 이렇게 썼습니다. "사랑은 시기하지 아니하고 허세를 부리지 않으며 교만하지 않습니다. 모든 것을 덮어 주고 모든 것을 믿으며 모든 것을 바라고 모든 것을 견딥니다"(1코린 13,4.7).

사랑하는 형제 마르틴이여, 항상 저는 교회 일치를 위한 대화가, 더불어 또 우리가 주고받은 편지가 오늘날 없어서는 안 될 것이라고 강조했습니다. "그리스도교 메시지의 신빙성은, 그리스도인들이 갈등을 극복할 수 있을 때 더 커질 것입니다"(『복음의 기쁨』 244항). 우리 모두는 길을 걷고 있는 순례자입니다. 우리는 같은 목적지를 향해 함께 순례하고 있습니다. 때로는 서로 다른 길을 가기도 하지만 목적지에 이르는 길은 꼭 하나가 아니며, 다른 가능성도 많습니다.

제2차 바티칸 공의회는 교회 일치에 관한 교령에서 정확히 이것을 강조했습니다. "교회 안에서 모든 이는 필요한 일에서 일치를 보존하며, 여러 가지 영성 생활과 규율에서, 다양한 전례 예법에서, 또한 계시 진리의 신학적 탐구에서 마땅한 자유를 지켜야 하고, 모든 일에서 사랑을 닦아야 한다. 이러한 행동 방식으로 신자들은 교회의 진정한 보편성과 더불어 사도 전래성을 날로 더욱 온전하게 드러낼 것이다."(「일치의 재건」 4항).

유념해야 할 것은 여기에서 보편성(Katholizität)이 곧 가톨릭이란 교파는 아니라는 것입니다. 보편성은 그리스도인의 믿음과 그리스도교 교회에서 모든 것을 포괄하는 것, 일치를 이루는 것을 뜻합니다. 저는 공의회가 일치와 자유라는 이중 개념으로 결정적 전환점을 마련했다고 생각합니다. (우리는 편지에서 같은 단어 쌍을 일치와 다양성으로 바꿔 썼습니다.)

이것을 이해할 때, 교회 일치는 예수님의 제자들을 위해, 곧 교회를 위해 불가결한 것일 뿐 아니라, 인류 가족의 일치에도 기여하게 됩니다. 하지만 당신이 아우크스부르크 신앙고백에서 명시한 것처럼 그리스도에 대한 공동의 고백이 아니라, 그리스도인들의 불화와 분열이 전면에 서면 그리스도인은 복음을 부정적으로 증거하는 꼴입니다. 불화가 일어나면 교파들은 형제자매가 아니라 경쟁자로 간주되기 마련이며, 그러한 불화는 인류의 안녕을 위해 극복되어야 할 추문일 뿐입니다.

제2차 바티칸 공의회는 진리에는 위계가 있다고 밝혔습니다(「일치의 재건」 11항 참조). 그리고 이것은 교회 일치를 위한 대화에 중요한 의미가 있습니다. 우리가 만날 때, 더 집중해야 할 것은 우리를 서로 연결하고 있는 신념입니다. 그리고 이것은 우리 두 교회가 고대 교회의 신앙고백을 함께 외는 것으로 충분하고, 이는 정교회의 형제들과도 마찬가지입니다. 비록 이런 믿음을 표현하는 방식은 서로 다르지만 우리는 믿음 안에서 하나입니다. 이것은 일치를 상실하는 것이 아니라 다양성을 획득하는 것이고, 이런 다양성은 단조롭고 부적합한 획일성보다 사람들과 민족들의 갖가지 삶에 훨씬 더 부합합니다.

대화는 우리를 풍요롭게 합니다. 서로 다른 의견을 단순히 받아들이기만 하는 것이 아니라, 그 가치를 인정하는 법을 대화에서 배우기 때문입니다. 게다가 이것은 그리스도인들 간의 대화만 아니라, 오늘날 다른 종교 대표자들과 대화를 나눌 때도 유효하며, 특히 형제자매 종교인 유다교와 이슬람 지지자들과의 대화에도 유효합니다. 그들도 우리처럼 아브라함을 믿음의 아버지로 부르고 있습니다.

우리 시대의 온 인류가 커다란 도전 앞에 마주 서 있습니다. 이 도전은 바로 평화와 정의와 환경으로, 우리가 실감하고 있는 문제이자, 공동으로 대처해야 할 문제입니다. 이에 응답해서 저는『찬미받으소서』를 펴냈습니다. 여기에서 우리 그리스도인은 세부적인 면에서는 서로가 다르더라도 주님이 우리에게 명령하신 것처럼 "땅의 소금과 세상의 빛"(마태 5,13-16 참조)이 될 수 있고 또 되어야 합니다.

그리고 저는 확신합니다. 우리는 인류에게 큰 의미가 있는 소식을 가지고 있습니다. 인류 일치에 대한 소식입니다. 왜냐하면 한 분이신 하느님이 세상과 인간을 만드셨기 때문입니다. 우리에게는 예수님이 당신 삶으로 보여 주신 것과 같이 불화와 불의를 극복하는 사랑에 대한 소식, 인간 사이에 형성된 사랑에 대한 소식이 있습니다. 또 우리에게는 죽음 후에 다가올 삶에 대한 희망의 소식, 머지않아 모두에게 선사될 하느님의 완성에 대한 희망의 소식이 있습니다. 우리 그리스도인은 이 세상에서 숨어 있을 필요가 없습니다. 우리는 복음을 전하는 기쁨의 종이요 자유의 종입니다. 천사들이 들에서 찬미한 그 소식을 전하는 종입니다. "지극히 높은 곳에서는 하느님께 영광, 땅에서는 그 사랑받는 사람들에게 평화!"(루카 2,14).

사랑하는 형제 마르틴이여, 편지를 주고받는 것도 이제 마지막에 다다랐습니다. 하지만 저는 굳게 믿습니다. 이를 통해 우리는 많은 것을 깨달았고, 우리 두 사람이 주님 안에서 형제임을, 어떤 교파이든 상관없이 그리스도인은 한 아버지 아래서 형제자매임을 더 잘 이해하게 되었습니다.

사랑하는 형제 마르틴이여, 당신에게 감사합니다.

당신의 형제 프란치스코가
로다에서

사랑하는 형제 프란치스코에게,

저 역시 당신과 편지를 주고받으며 먼 길을 흥미진진하게 걸었습니다. 왜냐하면 지난날 저는 이런 식으로 생각했습니다. "하느님의 말씀을 들으려는 사람은 성경을 읽고, 악마가 하는 말을 들으려는 사람은 교황의 교령과 칙서를 읽으십시오." 그리고 다른 곳에서는 이런 시도 썼습니다.

"만약 악마가 아침에 죽으면
그리고 늑대가 양이 된다면
루터와 교황은 하나가 될 것입니다.
둘은 분명 그리되지 않을 것입니다.
사람들은 많은 것을 내놓으려 하지만
그것은 단지 돈과 시간을 낭비하는 것입니다.
그리스도 말씀을 존경하십시오.
그러면 교황은 파멸할 것입니다."

사랑하는 형제 프란치스코여, 분명 당신은 할 수 있습니다. 당신과 편지를 주고받으며 저는 생각이 달라졌습니다. 지금은 더 이상 저런 글을 쓰는 일이 없을 것입니다! 이제 저는 교황과 가톨릭 신자들을 생각할 때면 사도 바오로가 로마 신자들에게 보낸 편지에서 권고한 바를 떠올립니다. "그런데 그대는 누구이기에 그대의 형제를 심판합니까? 혹은 그대는 누구이기에 그대의 형제를 업신여깁니까? 우리는 모두 하느님의 심판대 앞에 서게 될 것입니다. 그러니 이제 우리는 더 이상 서로 남을 심판하지 맙시다. 오히려 형제에게 장애물이나 걸림돌을 놓지 않도록 조심하시오"(로마 14,10.13).

제 시대로부터 450년 후의 일이지만, 단 한 번도 저는 로마 교황청이 자유와 일치에 대해 그렇게 균형 잡힌 시각에서 말할 줄은 결코 몰랐습니다. 마치 제가 써 놓은 것을 옮겨 적은 것만 같습니다. 저는 우리 두 사람이 일치와 다양성이란 주제를 제대로 잡았다고 생각합니다. 우리에게 중요한 것은 화해입니다. 예수 그리스도의 교회가 다양한 얼굴을 갖는 것을 허락하는 화해, 다시 말해 화해적인 다양성이 중요합니다. 다른 모든 것은 의미가 없습니다. 그러면 우리는 서로 비난하고 다툴 필요가 없으며 저마다 자신의 방식으로 자유롭게 복음을 선포할 수 있고, 하느님께 저마다 다르게 받은 소명을 실천할 수 있습니다.

자신을 타인보다 우위에 놓으려 드는 교만과 허영이 더 이상 우리에게는 필요하지 않습니다. 저로서는 이렇게 말할 수밖에 없습니다. "저는 제가 그리스도인임을 자랑하는 것 말고는 아무것도 가지고 있지 않으며, 아무것도 아닙니다." 이렇듯 우리는 모두 진정한 그리스도인이 되어야 합니다. 이에 대해 저는 사랑과 믿음의 자루에 대한 이야기로 설명한 바 있습니다.

"믿음의 자루에는 작은 주머니 두 개가 담겨 있습니다. 한 주머니에는 아담의 죄로 인해 우리도 모두 함께 죄인이 되었다는 조각이 들어 있습니다. 다른 한 주머니에는 우리 모두가 예수 그리스도를 통해 그 타락한 존재에서 구원받았다는 조각이 들어 있습니다. 사랑의 자루에도 작은 주머니 두 개가 담겨 있습니다. 한 주머니에는 그리스도가 우리에게 하셨던 것처럼, 우리가 모든 사람에게 봉사하고 선을 행해야 한다는 조각이 들어 있습니다. 다른 한 주머니에는 우리에게 가해진 악을 기꺼이 참고 견뎌야 한다는 조각이 들어 있습니다."

우리 그리스도인은 우리 자신이 그리스도를 통해 하느님의 구원을 받는다는 것을 알고 있습니다. 이로부터 우리가 이웃을 위한 사랑의 삶과 봉사의 삶으로 부름을 받았다는 결론이 나옵니다. 하지만 두 가지 다 우리에게는 한평생 어려운 일입니다. 우리는 나이가 몇 살이든 늘 어린아이처럼 믿음과 사랑의 학교에 가야 합니다. 그곳에서 우리는 복음이 무엇인지 배우고, 그곳에서 우리는 복음을 어떻게 행해야 하는지 배웁니다. 이 학교에서는 그 밖에 달리 배울 것이 없으며, 하느님 나라에 들어가기 위해서는 이것으로 족합니다.

그리고 이 두 가지는 다름 아닌 제가 이미 당신에게 썼던 것입니다. "그리스도인은 자기 자신 안에서 사는 것이 아니라, 그리스도와 이웃 안에서, 곧 믿음을 통해 그리스도 안에서, 사랑을 통해 이웃 안에서 삽니다." 이것이 복음의 핵심입니다.

사랑하는 형제 프란치스코여, 우리는 첫 번째 편지부터 서로를 형제라고 불렀습니다. 그때 저는 그 말을 아주 조심스레, 그리고 속으로 반감을 느끼며 입에 담았습니다. 저와 로마 교황 사이에는 너무 많은 일이 있었습니다. 하지만 이제는 거리낌 없이 자유롭게 말할 수 있습니다. 저는 알게 되었습니다. 당신이 그리스도 안에서 제 형제가 되었습니다. 우리에게는 많은 공통점이 있습니다. 우리는 많은 점에서 서로 동의하고 있습니다. 과거에는 이런 일을 감히 꿈꿀 수도 없었습니다.

그리고 우리 두 사람은 인식을 같이했습니다. 교회 개혁은 단순히 16세기에 일어난 한 사건이 아니라, 당신의 시대인 21세기에도 유효해야 할 주제입니다. 교회는 늘 개혁할 수 있어야 합니다. 그리고 당신들은 로마에서 해야 할 것이 아직 많이 있습니다. 그렇지만 저를 증인으로 삼은 교회들도 목적지에 다다른 것은 아닙니다. 그들에게도 꾸준한 개혁과 회개가, 새로운 출발과 시작이 필요합니다. 저나 당신이나 할 일이 많습니다.

우리 공동의 기도문인 주님의 기도는 '아멘'이란 히브리어 단어와 함께 끝납니다. 아멘은 소박한 단어지만 그 안에 위대한 뜻이 담겨 있습니다. 저는 교리문답에서 다음처럼 썼습니다. 아멘은 "다름 아닌 의심하지 않는 믿음을 뜻하는 단어인데, 이 믿음은 무언가를 되는대로 기도하는 것이 아닙니다. 이 믿음은, 하느님은 주시기로 약속하셨으면 거짓말을 하지 않으심을 알고 있는 것입니다."

그래서 저는 기도합니다. 우리가, 곧 당신과 저와 모든 그리스도인이 다양한 모습을 간직하면서도 올바르고 자유롭게 일치의 열망을 이루기를 기도합니다. 저는 하느님께 바치는 이 기도를 아멘으로 끝맺습니다. 우리가 청하는 바를 그분께서 주실 것을 전적으로 신뢰하기 때문입니다. 사랑하는 형제 프란치스코여, 당신도 같은 식으로 기도할 수 있다고 확신합니다. 우리는 믿음 안에서, 사랑 안에서, 희망 안에서 형제요 자매입니다. 우리가 이미 서로 알아차린 것처럼 우리는 기쁨으로 가득 차 있습니다.

저는 이 편지를, 그리고 우리의 편지 교환을 요한 묵시록의 말씀으로 마치려 합니다. 요한은 천사의 목소리를 들었습니다. "기뻐하고 즐거워하며 그분께 영광을 드리자. … 나도 너와 같은 종이며 예수의 증언을 간직하고 있는 네 형제들과 같은 종이다"(묵시 19,7-10). 사랑하는 형제 프란치스코여, 당신과의 만남을 저는 이렇게 이해합니다. 저는 곧 당신입니다. 저는 당신의 형제이며 동료 종입니다. 우리는 예수님을 증거로 삼아서 믿음과 사랑, 희망과 기쁨 안에서 하나가 되어야 합니다. 더 이상 필요한 것은 없습니다. 아멘.

저 또한 감사합니다.

당신의 형제 마르틴이
비텐베르크에서